跑步的力量

RUNNING
IS MY
THERAPY

[美] 斯科特·道格拉斯 —— 著
Scott Douglas

李昀烨 ————— 译

中国科学技术出版社
·北 京·

本书中文简体字版通过 **Grand China Publishing House（中资出版社）**授权中国科学技术出版社有限公司在中国大陆地区出版并独家发行。该内容由普林斯顿大学出版社授权使用。未经出版者书面许可，不得以任何方式抄袭、节录或翻印本书的任何部分。

北京市版权局著作权合同登记　图字：01-2023-5482

图书在版编目（ＣＩＰ）数据

跑步的力量 /（美）斯科特·道格拉斯
(Scott Douglas) 著；李昀烨译 . -- 北京 : 中国科学
技术出版社，2024.1（2025.1 重印）
　书名原文：RUNNING IS MY THERAPY
　ISBN 978-7-5236-0362-8

　Ⅰ.①跑… Ⅱ.①斯… ②李… Ⅲ.①跑－健身运动
－基本知识 Ⅳ.① G822

中国国家版本馆 CIP 数据核字 (2023) 第 219988 号

执行策划	黄　河　桂　林	
责任编辑	申永刚	
策划编辑	申永刚　陆存月	
特约编辑	张　可	
版式设计	吴　颖	
封面设计	东合社·安宁	
责任印制	李晓霖	

出　版	中国科学技术出版社
发　行	中国科学技术出版社有限公司
地　址	北京市海淀区中关村南大街 16 号
邮　编	100081
发行电话	010-62173865
传　真	010-62173081
网　址	http://www.cspbooks.com.cn

开　本	787mm×1092mm　1/32
字　数	175 千字
印　张	9
版　次	2024 年 1 月第 1 版
印　次	2025 年 1 月第 2 次印刷
印　刷	深圳市精彩印联合印务有限公司
书　号	ISBN 978-7-5236-0362-8/G·1024
定　价	69.80 元

（凡购买本社图书，如有缺页、倒页、脱页者，本社销售中心负责调换）

亲爱的中国读者，

你好！我是《跑步的力量》作者斯科特·道格拉斯，感谢你阅读本书。

生活在现代社会中并不如过去所想象的容易。我们本应该利用现代技术过上更好的生活。恰恰相反，我们的生活似乎变得越来越复杂，还有许多人感到了前所未有的孤独。尽管我们比上一代人拥有更多的职业选择、娱乐方式和社交平台，但要做的选择太多也导致我们不知所措。

幸运的是，应对现代生活的压力，我们还有跑步。你可能已经了解了一些跑步对身体的益处，比如强健心肺功能、肌肉和骨骼以及控制体重。这些都是长期跑步的好处。但你知道每周只需跑两三次，就会大大促进你的心理健康吗？跑步可以改造我们的大脑，从而降低焦虑和抑郁的概率，帮助我们更好地应对日常压力。跑步还能帮助我们增强目标感、轻松建立深厚的友谊，从而进一步促进你的心理健康。

作为一个天生抑郁的人，我很幸运在青少年时期发现了跑步。我撰写《跑步的力量》一书，是为了呼吁每一个想尝试跑步的人以及热爱跑步的人，像重视身体健康一样重视跑步给心理健康带来的益处。希望你能通过本书过上美满的生活。

祝你健康快乐地跑步很多很多年。

Scott Douglas

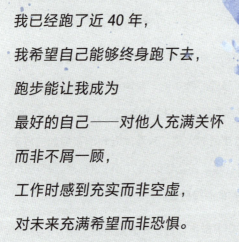

我已经跑了近 40 年，

我希望自己能够终身跑下去，

跑步能让我成为

最好的自己——对他人充满关怀

而非不屑一顾，

工作时感到充实而非空虚，

对未来充满希望而非恐惧。

RUNNING IS MY THERAPY

张 萌

畅销书《人生效率手册》作者，《早起的奇迹》推荐人

《跑步的力量》的作者以现实主义的态度告诉我们，跑步并不能解决一切问题，但却能帮助我们成为更好的自己。他坦言生活中的平淡和烦恼也曾让他沮丧，但跑步帮助他摆脱负面情绪，迎接美好的未来。

本书不仅从大脑神经的专业角度出发，还从社交互动、目标设定等方面详细阐述了跑步对诸多问题的解决策略。在此推荐给大家，希望它能激励到一些朋友开始跑步，释放压力，收获价值！

刘 宇

世界马拉松六大满贯六星完赛者，励志书《因梦致远：我的"玄奘之路"》作者

我强烈推荐《跑步的力量》这本深有共鸣的佳作。作者以长达 40 年坚持长跑的珍贵经历，累计逾 16 万公里的罕见跑量，结合与科学家及专业跑者的常年互动，借助理论和经验论述了长跑的特殊力量和独特魅力，观点新颖、专业且权威，对于处于不同水平的跑者均有一定指导意义，不仅能够帮助读者掌握更多跑步知识，也能鼓励读者增强发掘自身潜能的信心。

身处当今快节奏、高强度、不确定性愈发凸显的社会，"内卷"和"躺平"现象不再稀奇，不同年龄段的成年人或多或少都面临不同的挑战和压力。本书科学论述了跑步在改造大脑方面的积极作用，包括跑步如何成为打败焦虑的"魔法"、抗抑郁的良方，以及对心理调节及情绪管理产生的辅助效果。落实到跑步的终极目标，本书的价值在于通过培养健康的生活方式，让我们找到心流的体验，重拾生活的勇气，重塑人生的精彩，身心如一，知行合一，发现和成就一个崭新的自己。

《跑者世界》（*Runner's World*，美国著名跑步杂志）
世界跑步领域的权威杂志

道格拉斯将科学依据和个人经验编织成一本有用的、可读性强的跑步指南。

《户外》（*Outside*）
美国出版史上唯一一本连续三年获得杰出期刊大奖（National Magazine Awards for General Excellence）的杂志

今年春天最好的跑步新书之一。

梅布·科弗雷兹基（Meb Keflezighi）
波士顿和纽约马拉松冠军，奥运会马拉松银牌获得者

　　心理健康是非常重要的，我鼓励其他人从这本优秀的书中各取所需，当然，还要继续跑步！

艾莉森·马里埃拉·德西尔（Alison Mariella Désir）
跑在哈莱姆区（Harlem Run）**创始人、《纽约时报》畅销书作者**

　　《跑步的力量》这本书通过轶事和科学的论证，证实了我从自身经历中发现的东西：跑步对你的大脑有着深远的积极影响，它能够在抑郁和焦虑的管理方面发挥关键作用——对一些人来说，它甚至可能成为其所需的全部治疗。

亚力克斯·哈钦森（Alex Hutchinson）
畅销书《忍耐力》（Endure）**的作者**

　　对于任何对运动、情绪和健康之间的联系感兴趣的人来说都是一本好书。大量清晰的科学介绍，来之不易的实践经验，以及一些让人惊喜的建议，即为什么与其他形式的运动相比，跑步具有独特的力量。

《女性跑步》（Women's Running）
北美地区唯一一本专门为女性跑步而创办的刊物

　　一本具有启发性的读物。

赛皮德·萨雷米（Sepideh Saremi）

执业临床心理治疗师，"跑步、散步和聊天"（Run Walk Talk）**疗法的创始人**

每个关心心理健康的人都需要阅读《跑步的力量》。斯科特·道格拉斯以一种既鼓舞人心又实用的方式，阐述了跑步作为应对抑郁症和焦虑症的有效干预措施的所有证据。

罗布·克拉尔（Rob Krar）

职业超跑选手，两届美国西部州耐力赛（Western States Endurance Run）**冠军**

斯科特对抑郁症的描述就像他在我自己的头脑中一样。通过个人经验和科学研究，他专业地论述了抑郁症是如何独特地影响我们每个人的，他激励读者利用跑步重获身心健康，使其走出家门。

李 昕

马拉松爱好者，运动自媒体达人

坚持无伤跑步 10 年，我完成过 40 场全程马拉松。身边爱跑步的朋友们都无一不深刻地体会到跑步带来的好处，跑步让我们获得了健康的体魄，也获得了自由的灵魂。

每天数以万计的脚步交替，是跟自我的较量，把我锤炼得更坚韧。于奔跑中突破极限，你才能收获生命最纯真的愉悦。相信这本《跑步的力量》能够让更多的人开始跑步，开始体会跑步带来的惊人力量。

陈大威

跑步爱好者，《画说跑步那些事》《画说中国历代甲胄》作者

《跑步的力量》不是一本普通的跑步工具书，而是一本关于跑步者如何思考和观察的书。作者道格拉斯作为有 40 年跑龄，跑量累积 16 万公里的跑者，更注重跑步给人们在精神层面带来的改变。他通过与科学家和专业跑者的交流，结合亲身经历，对跑步如何缓解抑郁和焦虑等情绪进行了充分的阐释和扩充，并给予了具体的实操方法。

每天进行跑步这件事提醒我，我能够克服冷漠和懒散。我能说服自己实现目标并取得进步是可能的，不必如此频繁地感到孤独，或者思考如何支付退休金。

晓　池
跑步博主，全职妈妈，酒店民宿摄影师

自 2019 年起，我从 1 公里跑到了 42 公里，完成了人生中的首场马拉松。2023 年，我带着儿子和丈夫一起参加了同一场马拉松赛事，并在 2024 年无锡马拉松中刷新了个人最好成绩（PB）。

在此之前，我从未认真思考过坚持跑步在自己生活中的意义。直到我阅读了《跑步的力量》这本书，这本书让我意识到坚持跑步不仅对我的身体、心理和精神健康有着重大帮助，而且科学跑步还为我的生活搭建了框架，为平淡的生活增添了意义。

我非常感谢《跑步的力量》这本书出现在我的生命中，并给予了我正面的引导。

聂　宏
阳光心跑会组委会成员，早起俱乐部成员

《跑步的力量》告诉我们，健康的生活方式，少不了适度的运动，

而生活中最简单易行的运动就是跑步。我们不仅可以独自一人随心而跑，也可以结伴而跑，一起挥洒汗水，体会到运动产生的共鸣。

跑步，带给了我更舒畅的心情，更强健的体魄，以及更坚毅的性格。这，就是跑步给我的力量。

馨　婷
双语主持人，早起俱乐部成员

我经历过焦虑到重度抑郁，从心理疾病到生理疾病，我深刻地体会到了健康的重要性。我不断地寻求一种让自己重回正轨的方法，直到我开始跑步。

一天天过去，跑步带给了我无限的能量和希望，让我重新找回了自己。我因此感恩生命的美好和生活的馈赠。我完全从负面的情绪中走了出来，状态越来越好了，好友们都见证了我的蜕变。

我想这就是《跑步的力量》这本书想要向我们传达的信息，看似无形，实则意味深长。

如果你对跑步也秉持着热爱，想要找到一起跑步的伙伴，欢迎您加入《跑步的力量》出品方中资海派成立的"早起俱乐部"社群。在这里，来自全国五湖四海的群友们每天共同坚持早起打卡，积极参与早起共读直播和其他活动，分享自己的读书心得与成长经验。你现在就可以扫描封底下方的二维码，加入早起俱乐部！

在人生的至暗时刻，我选择去跑步

跑在哈莱姆区（Harlem Run）[1] 创始人、《纽约时报》畅销书作者

艾莉森·马里埃拉·德西尔（Alison Mariella Désir）

2012 年时，我很少离开自己的公寓。部分原因是我没有出门的理由，因为我失业了，还有部分原因是我往往没办法鼓起勇气走下床。如果你今天才认识我，你可能会对此感到讶异，我那时候大部分时间都待在床上，看电视，或是漫无目的地上网。在我的手够到赞安诺（Xanax）[2] 时，我便会服下 4 ~ 6 片，以进入深度睡眠，我暗自希望自己永远不会醒来，而当我只能找到奈奎尔（NyQuil）[3] 时，我每天要服用数十剂来平复我无比焦躁、思考过度的大脑。

---

① 一项在纽约开展的社会性跑步运动。（如无特殊说明，本书所有注释均为编者注）
② 一种镇静药物，常见副作用有嗜睡，含阿普唑仑（alprazolam）。
③ 一种感冒药，服用后会犯困嗜睡。

我曾患上抑郁症。当时我父亲已经被诊断为莱维小体病（Lewy body dementia）7 年，这意味着他仅仅是我认识的那个人的躯壳而已。他无法走路，无法自己吃饭，也不能说出连贯的句子。由于我失业了，所以在母亲工作时，我要分担照料父亲的责任。

那时候我也刚从一段痛苦的关系中走出来，我深陷其中已久，在经历了多年的伤害和失望之后，我和我的伴侣结束了关系，而这只会让我陷入更深也更强烈的抑郁中。

回想起那段时间，我很难忍住眼泪。我在社交方面变得孤立无援，很少见到朋友或家人，甚至连我的室友也几乎不知道我的行踪。我确信自己是世上最不快乐的人，不可能有人像我一样痛苦。

然而在这一切的自我厌恶中，一个闪光点出现了。有一位朋友报名参加了一场马拉松，我在脸书（Facebook）上观看了他的比赛视频，让我震惊的是，他并非人们眼中的"典型跑者"（他肤色黝黑，但并不苗条），但这并没有令他止步，训练似乎改变了他的人生。

由于他和我印象中的马拉松跑者形象太不符合，反而更接近我这样的"凡人"，那时候，我还无法连续不停地跑 1 英里（1 英里约等于 1.609 千米），我开始思考，也许自己也能够（也应该）跑一次马拉松。反正我已经没有什么可失去的了，因此我就报名了，收到自己的第一个培训计划，也获得了为美国白血病与淋巴瘤协会（The Leukemia and Lymphoma Society）筹集资金的机会。

在接下来的 16 周里，我发现自己累积的里程数是我从前不敢想象的。在我成长为一个"跑者"后，我发现跑步对我的帮助要比想象中的更加深远。跑步不仅为我提供了一种宣泄的方式，也为我开启了新的体验和思维方式。例如，在应对我父亲日益恶化的病征方面，跑步成了我最有效的工具之一。知道他一天比一天的状态更脱离正轨这个可怕的事实，让我感到十分无助。但跑步缓解了我的失控感。即使我无法阻止他的痴呆恶化，但我至少能够对自己的跑步计划负责：我的里程、速度、距离和路线。

当我坚持自己的训练计划时，我便感到了真正的变化：我能够跑得更快、更远、更轻松。这也是我第一次感到努力和改善之间似乎有着直接的联系。我迷上了这项运动，随着我对跑步越来越投入，我参加了马拉松之前的调整赛，并开始为自己设定越来越有挑战性的健身目标，然后逐个完成。

在完成我的第一场马拉松，并为白血病与淋巴瘤协会筹集了5 000多美元后，我明白跑步可以让我从抑郁中解脱出来。我在帮助他人的同时也帮助了自己，找到了意义、目标与自豪感。

如今，跑步是我反思我所面临的挑战的时刻，也是我积极应对挑战的时刻。它也让我每天提醒自己，我有能力改变自己的生活环境，令它变得更好。当我特别焦虑的时候，跑步固有的重复律动，让我得以专注内在并找到平静——这是一种在移动中产生的冥想。我几乎总是在跑步结束后感觉精神更好，我常常产生一种新的感觉，觉得自己能够解决生活中的所有问题。

也许最重要的是，我不会在困境中感到孤独了。当我创立跑步运动"跑在哈莱姆区"，以及为"为每个女性而跑"（Run 4 All Women）[①]时，我遇到了一群志同道合的跑者，他们和我一样，通过跑步找到了成就感。而通过领导这些团体，我在社交媒体上认识了世界各地成百上千的跑友，以及成千上万的支持者。他们一次又一次地告诉我，跑步激励他们采取行动改变自己的生活。这一切都是我前进的动力。

在我的至暗时刻，我希望有一些简单的方法能让我感觉好些。我希望有人为我开出完美剂量的药方，或是安排神奇的治疗，只有这样我才能真正快乐起来。我曾经会花上几小时，幻想着自己到一家昂贵的康复机构进行自我探索之旅，就像我想象中的那些名流一样，从机构里走出来的将是一个全新的我。当然，如此容易的解决方案并不存在。

与此同时，我无意中发现了跑步，这为我提供了控制抑郁的渠道，我唯一要做的就是全情投入。现在这项活动还在继续，我采取了充满活力又多管齐下的方式：我定期寻求咨询，我遵照处方服用药物，同时我也在继续完成自己的跑步任务。

而现在，我有幸阅读了这本书，这是本我迫不及待想要拥有的书。《跑步的力量》这本书通过轶事和科学的论证，证实了我从自身经历中发现的东西：跑步对你的大脑有着深远的积极影响，它能够

---

① 一个致力于通过健身增强女性权力的组织，总部也设在纽约。

在抑郁和焦虑的管理方面发挥关键作用——对一些人来说，它甚至可能成为其所需的全部治疗。愿这本书帮助你找到自己的道路，通过跑步获得更好的心理健康状态。

跑步不是为了"快"，而是为了"快乐"

每周二，我通常会·大早就和一位叫梅雷迪思（Mercdith）的女士一同跑步。尽管是密友，可我们却截然不同。梅雷迪思是位能言善辩的社会工作者。她能够从人群中汲取能量。而我是个内向的作家兼编辑，常常窝在家里工作。

梅雷迪思在大型比赛中状态最佳，喜欢和大团体一同训练。而我能在单人计时赛中创造个人最佳纪录（personal records，PRs），但比赛人数只要超过 5 个，我就想放弃。

梅雷迪思是个忧心忡忡的人，总是被悔恨与忧虑所困扰，正在寻求治疗焦虑的方法。而我患有心境恶劣（dysthymia），是一种慢性的轻度抑郁。我们爱开玩笑说梅雷迪思熬夜是为了避免第二天的到来，而我早睡则是为了抵达更好的明天。

但我们确实有一个关键的共同点：我们之所以跑步，都是为了自己的心理健康。从青少年时期开始，我们就通过定期跑步来改善自己的生活状况，比如友谊、婚姻和工作，让自己在大部分时间里免于痛苦。当然，我们也享受跑步，也参加比赛，跑步使我们健康、苗条，我们对此也感到欣慰。但每天75分钟的跑步对我们的最大意义是，我们跑完后仿佛被按下了"重置"按钮，可以更好地度过一天中剩下的时间。

跑步结束后心情变得更好，这是几乎所有跑步的人都有过的体验。这种体验如此普遍，以至于你能够买到印有"running is my therapy"（跑步治愈我）的T恤和马克杯。许多人会将获得心理方面的好处作为跑步的首要理由。

然而对于我们这些患有抑郁症或焦虑症的人来说，我们和这项运动在精神方面的联系往往更深。我们重视跑步对大脑的好处，就像心脏病患者重视跑步对心脏健康的影响一样。

每天跑步带来的好处当然令人开心，但这并非事情的全部。如果不规律地进行跑步，我们的心理状况将会急转直下，对于梅雷迪思和我以及成千上万人的这类状况，专家们仍然在研究。

1995年，我刚满30岁就被诊断患有心境恶劣。然而那天我向精神科医生描述的状况，从我十几岁时起就成为我生活中的常态了。从中学时起，这种不安逐渐成为我性格的基本特点：生活带给我的乐趣很少，而需要付出的努力很多，但我对此并没有感到很失望；

我渴望在人际关系中找到意义感，但可能性微乎其微；我必须努力寻找精神和身体上的能量，以维持自己的日常生活。

我人生中最大的幸事之一，就是在这些症状出现后不久便发现了跑步这项运动。1979 年春天，我当时还是一个九年级学生，正在为次年秋天的高中越野跑做准备。跑步能将日常的快乐和为有意义的事情努力的感觉结合在一起。我立刻跑上瘾了。

我花了一段时间，才能够欣赏和表达跑步是如何改善我的心理健康状况，进而改善我的生活的。我上学的时代，人们还没开始公开探讨抑郁症。作为一个每周至少要跑 70 英里的好学生，我很少在跑步时正视自己的问题。多年来我从未停止跑步，我迷恋跑步，它是我生活中的高光时刻，跑步时有一种独特的感觉环抱着我。

那段时间，我在新闻界闯出了一条路。自 20 世纪 90 年代初，我已经写了数百篇文章，主要发表在《跑者世界》（*Runner's World*）和现已停刊的《跑步时代》（*Running Times*）上，我在这两家杂志社担任过编辑，也写过并与他人合著过几本有关跑步的书。随着时间的流逝，我等待着有人从终身跑者的角度出发，写一本关于跑步和心理健康的书。心理健康问题在跑步文化中仍然没有得到充分的探讨。这很奇怪，因为跑者们总是坦率地和彼此谈论身体功能和类似的问题。

因此，我决定自己来写这本书。在这本书中，我会向跑者们清楚地阐释"跑步的力量"如何作用于我们的身心。我告诉自己，这本书应该对不同等级的跑者来说都是有趣且有益的。这本书没有准入门槛，也没有设定每周的里程数和每英里的配速，不存在特定的动机或目标，或者要求读者必须是个"真正的跑者"。

即使你看到我在书中用个人的案例来说明跑步的距离和强度，但那也仅仅是案例，而非处方。阅读这些案例时，你可以根据自己的情况重新书写这些故事。我重申一次，想成为一名跑者，你只需要跑步就够了。

跑步是一剂良药，日久才见效

我们将在本书中看到的大多数心理健康方面的好处，只有在定期跑步的情况下才会发生。每周至少跑步两次，是获得足够体能的一个良好、可行的方式，这样一来，每一次跑步都不再是一个挑战。如果你正咬牙坚持，或刚刚开始跑步，也有很多关于跑步准备的优秀图书可以去阅读，比如皮特·玛吉尔（Pete Magill）的《重生的跑者》（*The Born Again Runner*）。

我一向认为，有心理健康问题的跑者要比有心理健康问题的久坐者更有优势。这并不仅仅是那些显而易见的原因使然，还因为前者通过勇气或运气，让规律的锻炼成为自己生活的一部分。

正如我们看到的，持续的跑步被认为是对某些类型的抑郁症和焦虑症的有效治疗方式。现在我们还知道，定期跑步会引起大脑的变化，类似于那些与抗抑郁药物相关的变化。许多研究表明，将常规治疗方法与锻炼相结合，比单独进行常规治疗的效果更好。

我们跑者还有另一项优势：有规律的跑步可以鼓励和帮助人们养成良好的思维和行为习惯。事实证明，这些习惯与抑郁症和焦虑症的常见干预措施密切相关，这些干预措施包括谈话疗法、认知行为疗法、良好的社会关系和自我照料。

而我们跑者有着双重优势：首先，我们一直在跑步，享受到了它带来的好处；其次，如果我们决心寻求专业帮助，我们对各种形式的治疗也有着起码的了解，这也能提高治疗的成功率。

所以在本书中，我首先会详细论述跑步如何改变大脑，如何使长期处于抑郁和焦虑状态的人获益，以及跑步为什么能够改善人们的情绪（这是跑步最大的益处之一）。接下来，我们要看看跑步与几种抑郁症和焦虑症的治疗方式的关系。

为了做到这些，我们要去见几个像我一样的人，他们也发现跑步在心理健康管理方面十分有效。我也会广泛听取专家对跑者体验的讲解，而他们大多也是跑者。我们还将看到相当数量的研究摘要，它们与这本书涵盖的许多话题都有关联。

我并不想给人留下一种"跑步就能解决一切问题"的印象。我永远不会成为那种在街上上蹿下跳的人（除非我是在用跑步姿势练习逗邻居开心）。我已经跑了近40年，我希望自己能够终身跑下去，跑步能让我成为最好的自己——对他人充满关怀而非不屑一顾，工作时感到充实而非空虚，对未来充满希望而非恐惧。

我花在跑步上的时间，其效果不仅仅体现在跑步时，而且体现在每天的其他时间中。如果这本书能够帮你更好地理解与欣赏跑步对心理健康的作用，那么我们所花的时间就都是值得的。

改造大脑
第 一 部 分

跑步 作为方法
第 二 部 分

 重塑生活 第三部分

第 一 部 分

跑步
改造大脑

RUNNING IS MY THERAPY

RUNNING IS

MY THERAPY

RUNNING IS
MY THERAPY

当需要大脑处于最佳工作状态时，比如当天有演讲、要写提案或者要向贵宾做产品介绍时，你一定要做锻炼。这个方法能刺激你的血液循环、内啡肽（endorphin）和创造力。

《复原的力量》

首位在冬季残奥会上获得奖牌的非洲裔美国人

邦妮·圣约翰

第1章

跑步健身，更健脑

跑鞋品牌亚瑟士（Asics）的名字，是拉丁短语"anima sana in corpore sano"的首字母缩写，直译过来就是"健全的精神寓于强健的体魄"。虽然我手边没有希腊语原文，但是柏拉图在他的作品中确实提到了类似的观点："疾病治疗中最大的错误在于，存在专治身体的医生和专治灵魂的医生，尽管两者不能分开。"

人们长期以来一直认为身体和精神是相互协调的。虽然我们的精神，或者古人说的灵魂，并不限于大脑，但想要充沛的精神，你需要运转良好的大脑。奇怪的是，人们并不认为自己的大脑应该得到和躯体同等的照料和关注。无论是经验还是规模越来越大的研究都表明，规律的身体锻炼不仅有益于你的心脏、肌肉、骨骼以及其他身体部位，也有益于大脑。

这本书主要介绍了如何通过跑步来辅助管理抑郁与焦虑，进而达到身体和精神的融合。不过，本质上的身心连接与所有人都相关，无论这些人的精神健康状况如何。因此，在我们深入观察跑步、抑郁和焦虑之前，先看看运动对于大脑健康是多么必要。

你的专注力和执行力会越跑越强

我们跑步者往往认为自己因跑步而聪明。的确如此，"因跑步而聪明"意味着跑步是种明智的做法，因为已有大量证据表明，跑步是如何减少心脏病、糖尿病、高血压、中风、某几种癌症及其他疾病的风险，进而促进健康与活力的。更有大规模的长期研究发现，跑步者患白内障的风险也会降低。[1]

"因跑步而聪明"还有着更加字面上的意义，即这样做比不跑步要明智。绝大多数研究表明，规律进行跑步等有氧运动的人，在几种认知任务中表现得更好。[2] 与此同时，也有研究表明，平均来说，久坐的人在几项常见的认知指标上表现更差。[3]

医学博士、大脑研究者杰弗里·伯恩斯（Jeffrey Burns）是堪萨斯大学的神经学教授，他曾累计 6 次完成全程马拉松。伯恩斯承认"跑步者更聪明"这一说法中暗含"鸡与蛋"问题的特质。"从科学的视角来看，我们知道聪明的人会锻炼，而爱锻炼的人本身就更聪明。"他说，"我们已有数十个乃至上百的研究表明，锻炼与聪明有联系。但我们并不需要知道，我们到底是因为聪明才锻炼，还是锻炼令我们更聪明。"

伯恩斯表示，这或许是两者的结合。在个体水平上，重要的是在你固有智力范围内的进步。每天跑一个小时，也不会让我的智力水平媲美坐在轮椅上的史蒂芬·霍金。但一切证据都表明，与久坐不动相比，我的跑步里程会让我变成一个更聪明的斯科特。

让我们来关注这样一些实验，其中一半的人开始进行有氧锻炼项目，而另一半的人则保持久坐。在短短 6 周的常规训练后，锻炼者就在几项心理测试的表现上取得了进步，包括工作记忆（即暂时储存和使用执行任务所需信息的能力）和视觉空间的处理（感知周围事物并与其互动的能力）。[4]

还有数量可观的证据表明，健身有助于提升注意力聚焦能力（attentional focus），这是一种在为一个目标工作时专注于相关线索的能力。我通过对越野跑的思考，提醒自己注意力聚焦和一般聚焦的不同：注意力聚焦就是关注我接下来几步将遇到的路况，以确保我不会绊倒。反之，我要是专注寻找可食用的蘑菇，或者搜寻树上的猫头鹰，常常难以达成保持平衡的目标。

"和锻炼联系最紧密的是执行功能。"伯恩斯说道，"那是一种计划与组织的能力，目的是接收信息并采取行动。这对日复一日的生活真的非常重要，因为我们要接收大量信息并做出目标导向性的决定和计划。关于执行功能，最好的例子就是准备节日晚餐这类事情，你需要用 50 种原料做 10 道菜，每道菜所需的时间不同，但需要同时完成。"

伯恩斯在感恩节晚餐例子中提到的多线程任务，曾是我在工作中最喜欢的部分，从侍应生到《跑者世界》每日新闻频道的编辑，看看自己能够同时推进多少件不同时间线程的事情，是一项有趣的挑战。这不同于多重任务处理。同时做好几件事情是很好的——在参加电话会议时给一个人发电子邮件，还给另一个人发短信，但是这削弱了你在每项任务上的表现。执行表现功能可以更好地理解为，在必要的时间内专注于一件事情，且不妨碍你正在推进的其他任务的进展，而跑步能让我在从事过的大多数工作中做到更好。

然而，如果你发现自己需要集中精力只做一件事，作为跑步者的你或许能做得更好。这是基于已有的相关研究总结出的合理结论，比如西班牙的一项研究表明，在一项精力持续集中的测试中，进行有氧运动的个体比静止的个体表现得更好。[5]

为了这项研究，研究者们召集了两组人员，一组是 22 位铁人三项运动员，他们每周训练 8 小时以上；另一组是 20 位有氧健身水平较低的人。受试者们做了一项枯燥但是要求很高的任务，持续 1 小时。他们要坐在一块漆黑的电脑屏幕前，在看到完整的红色圆圈时，要尽可能快地作出反应，红圈的出现间隔不定。整个测试中平均需要对 400 个圆圈作出反应。

研究人员将 1 小时的测试划分为 5 个时长 12 分钟的片段，用来测量受试者的反应时间和大脑活动。在前 36 分钟中，铁人三项运动员的反应都比少动受试者快。在整个测试中，铁人三项运动员无论是在任务的精力分配还是对任务的响应准备方面，都显示出更强的大脑活动。研究人员写道："结果显示，有氧健身与持续注意和反应准备都有着积极的相关性。"

"持续注意是一种维持长时间表现的能力，取决于保持警惕、检测刺激，以及避免分心的能力，"该研究的第一作者安东尼奥·卢克-卡萨多（Antonio Luque-Casado）博士在电子邮件中告诉我，"对信息重要来源的监控能力，会直接影响所有人的认知能力，比如对目标刺激的反应过慢。因此，持续注意是一般认知能力的固有功能，对人类的认知能力至关重要。"卢克-卡萨多表示，有能力保持精力集中，不仅对开车或专注于工作汇报等日常活动非常重要，也对外科手术或飞机驾驶等专业任务十分重要。

"运动让你变聪明"似乎适用于人的一生。研究发现，无论人们处于学龄期、成年早期、中年还是老年期，保持锻炼的人都有着更佳的认知表现[6]。这些"跑步让你更聪明"的发现，通常与我们静止时表现出的敏锐度有关。那么在我们跑步的时候呢？

为什么我们常在跑步时思如泉涌？

研究还证实了一件你或许早已知道的事：一旦进入跑步的最佳状态，你的大脑似乎会把事情做得更好。2013 年，一项来自荷兰的研究发现，在他们进行的短期实验中，规律锻炼的人在解决创造性问题时表现更好[7]。这次研究包含 69 名受试者，一组是好静的人，另一组是在此前两年中每周至少锻炼 3 次。而每组中有一半的人在休息状态下完成两项脑力工作，另一半则需要在动感单车上完成工作。

这旨在测量创造力的两个关键组成部分：发散思维和聚合思维。

发散思维用以在正确答案不止一项时，产生许多新的主意；理想情况下，这是头脑风暴会议中会发生的事情。比如在研究中，参与者被要求尽可能想出一支钢笔的多种用途，比如记笔记、敲桌子、当礼物送人等。

相对而言，聚合思维就是想出一个问题的最佳解答。结果表明，相比于休息时，保持锻炼的人运动时在聚合思维测试中表现更好。这或许也解释了有人冥思苦想一整天，却在跑步 10 分钟后就获得了"啊哈！"的顿悟时刻，而这种现象也通过研究得到了支撑。

与此同时，那些不健身的人骑动感单车的时候比休息时表现要差。研究人员推测，是因为他们不习惯做运动，才导致大脑不堪重负，削弱了他们的精力集中度。研究者写道："就现有结果来说，我们甚至能观察到，对那些习惯运动的人来说，运动的缺失对创造力的削弱要大于运动对创造力的改善。"

伯恩斯对这类现象很熟悉。我们边走边聊，以便更好地收集其想法，他还解释说跑步更利于他的写作，"句子在我的脑海里跳动，它们以一种新的方式排列在一起，这些想法和新思路无须努力就能出现。在日常环境中，即便我十分努力也不见得能够获取这些。"

对我来说，这本书的大部分内容，都是我在缅因州的伊丽莎白角跑步时琢磨出来的。脚步的稳定节拍带来一种韵律感，让我听到段落里的句子应该如何"流动"。而当我坐在工作室，尝试着排除干扰、督促思维组织语言时，发现让词语们各归其位难了许多。

很久以来，伯恩斯和我还从聚合思维的研究者那里学到了别的东西。通过规律锻炼得到的创造力飙升只是暂时的。正如研究者所言："通过有氧运动得到的聚合思维存活时间极短，以至于只有在锻炼时，或刚锻炼完才会产生积极影响。"伯恩斯表示："我跑完步回家后，要马上提笔写下来，否则灵感就会溜走，如同在梦中醒来一样。"

你将在此书中获得一个小技巧：例如在 6 英里跑时突破写作瓶颈，或解出美国国家公共电台的周日谜题（NPR 's Sunday puzzle）时，我都会把结婚戒指移到右手无名指上。否则，这些想法会来去匆匆。回到家后，发现戒指戴错了手，才会让自己再次想起那个思维突破。

然而，并非每次跑步都能带来同等程度的影响。在进行了长时间或高强度的训练后，也许你想出的仍是"小猫很可爱"之类的东西。我有生以来运动里程最长的一周跑了 184 英里，而在这一周中，我的认知门槛从阅读莎士比亚的《理查二世》（Richard II）掉到了观看电视新闻。

"高强度的力竭训练（highly exhaustive exercise），会让你进入一段不适应期，"来自马里兰大学的运动机能学教授、大脑研究者 J. 卡森·史密斯（J. Carson Smith）博士表示，"你需要进行恢复。这也证明高强度训练会削弱认知功能——你的注意能力是有限的。"史密斯表示，长跑时，"你正消耗着糖原储备"，而这是你肌肉中储存的碳水化合物。"你的大脑需要糖原来保证正常运转。你需要补充水分和糖原储备。这也就是为什么进行长时间、高强度训练的人，需要一段时间作为恢复期。"

正如史密斯指出的那样，3 小时的跑步，以及长时间、高强度的训练，在大多数时间、对于大多数人来讲，都是超出预期的。以你自己的标准英里数和适中的速度跑步，能够产生更多的"立刻变聪明"的益处，而这些益处"能在训练结束后更加迅速地出现"。这里出现了一个"多多益善却过犹不及"的甜蜜点：在一项研究中，这种即刻产生的益处在 20 分钟和 40 分钟的训练后强度类似，但在训练超过半小时后，更长时间的训练似乎显示出更加长远的作用。[8]

我不想过分夸大这种即刻产生的益处。它们除了短暂之外，其影响也只是轻微到中度。用可以对话的速度跑 5 英里，或许能够帮我更快地完成数独游戏，但并不可能让我变成国际象棋大师。其实最令人兴奋的是，这些日常的益处触发可以帮助我们更好地成长。

跑步有最佳年龄吗？答案因人而异

我现在 50 多岁，很乐于想到几十年的跑步，让我比那些在学校时就好静的高中和大学同学有着更好的精神面貌。起码脸书上的照片能在表面上支持这种信念。起码在这点上，你应该为自己的跑步喝彩。但直到我深入研究这个话题时，才意识到跑步生涯对我的认知方面产生了多少有益的作用。

伯恩斯现阶段正研究痴呆症与阿尔茨海默病，他说："保持活跃并保持心肺的长期功能，将促进大脑的长期健康。随着年龄的增长，我们都处于认知衰退的风险中。而在持续锻炼的人群中，针对部分认知领域，我们发现本来不可避免的认知衰退有延缓趋势。有证据表明，良好的心肺功能训练能够降低患上阿尔茨海默病、中风以及心血管疾病的长期风险。"

这里有两个主要因素在起作用：一是减慢或停止典型的与年龄有关的脑组织损失；二是更好地保护关键脑区的基底结构，比如前额叶（执行功能的关键角色）和海马体（承担很多与记忆有关的工作）。

这些好处就像一个不需要工作的周日午后，或是一个喝着咖啡、看着鸟儿的悠闲早晨，或许要随着年龄的增长才能被欣赏。"如果你从中年开始锻炼，那就是在长远地帮助自己的大脑。"史密斯说，"这往往是年轻人难以想到的——今天打起精神去跑步，是为了帮助60岁或70岁时的大脑。但我们认为，开始得越早，坚持得越久，你获得的益处可能越大。"

我在任何时候都不打算停止跑步，你也不应该。当然，如果你被迫保持静止，很多因长年跑步产生的大脑优势还是会被保留下来。"我们假设运动的累积效应能够提供一些延时的保护，"史密斯说，在一个已坚持跑步多年的人进入中年时，"应该建立一个余生都能依靠的认知储备（cognitive reserve）[①]。"

这方面的一项研究在 25 年间跟踪调研了 2 500 人。研究发现，当受试者在 43 ~ 55 岁时，在 25 年前做心肺运动最强的人，在词语记忆测试（回忆词语清单）和心理运动速度（对认知刺激的心理反应）中的表现要更好一些。[9]

从另一个角度来说，这些有利于脑健康的因素还支持了一个观点：什么时候跑步都不算晚。当年纪大些的人开始进行有氧运动项目时，"有证据表明他们在记忆和思维的某些方面取得了进步，而非减缓或衰退"。伯恩斯说道。关于运动与认知功能的研究综述得出这样的结论："体育锻炼是一种很有前途的非药物干预，可以预防与年龄相关的认知衰退和神经退行性疾病。"[10]

在老龄化社会中，伯恩斯的工作是一种重要的进步，他很高兴能够从事运动和老年人大脑方面的研究。"40 年前，跑步、节食和锻炼还不是驱逐心脏病的方法之一。"他说，"而现在，这已经是个标准。基于 40 年前的心脏病学，扩充了我们认为正确的生活方式，以及它对大脑健康的重要性。"

那些拥有"多多益善"心态的人，会赞同伯恩斯基于年轻与老年人群体的研究结果：那些最大限度提升自己最大耗氧量的人，能够在认知功能上收获最丰。耗氧量是测量有氧运动的黄金标准。最大耗

[①] 指面对衰老、损伤或疾病带来的冲击，认知网络具有的可塑性或灵活性。

氧量，就是你在运动时吸入并传送到发力肌群的氧气量的最大值。而跑步者的最大耗氧量，在所有运动者中是最高的。

"个体的心肺运动反应相比于运动量（比如持久度），更能反映认知能力的提升，因此将个体的心肺训练提到最大强度，或许是实现认知效益的重要治疗标的之一。"该结论来自伯恩斯的一项对于65 岁及以上的长期好静人群的研究。[11]

"我们目前还不清楚到底是心肺功能推动了大脑功能的改善，还是健康水平更高的人获得了广泛的生理益处，"伯恩斯告诉我，"我想这确实表明，或许我们需要专注于一种更好地提高心肺功能的方法，而提高强度就是个办法。这也是我们未来的研究将关注的：我们应该做高强度训练，还是只做强度适中的耐力训练？"

按照我的习惯，我从伯恩斯的研究推及自己的情况。我问自己，这样想对那些已经在健身的人是否合理？长期努力训练相比于慢跑，真的对大脑更好吗？在没有赛事安排的时候，要用跑 5 000 米的速度重复跑 800 米吗？就因为这比可以聊天的跑步更能促进最大耗氧量？

"你所诠释的正是我们对此的思考，"伯恩斯回答，"我的思考方式来自运动生理学观点，即促进心肺健康才是正确的目标。因此我们在开发一种锻炼处方，目标是提高心肺功能。我们的数据表明，这对改善大脑是有必要的。"

持续跑步让大脑变年轻，更长寿

这种认知功能的提高，表面看起来似乎和跑步无关，但背后的联系是什么呢？在进行超长程跑步时，你的腿部肌肉充满糖原，而身体会通过促进提升储存和维持这些碳水化合物的能力来作为回应。这是一个适应压力的例子，身体通过预测再次发生的压力和自身重建，更好地处理压力。身体典型的压力-恢复-适应周期似乎不适用于提高专注力，特别是当你正在跑步的时候。

至于跑步触发的认知改善，其益处的出现是间接的。一种观点是，身体为了应对跑步而产生的物质同样增强了大脑功能。正如一项关于该话题的研究综述所指出的："受有氧运动影响最大的脑区，也是控制认知和记忆的高阶区域。"例如，肌肉在运动后释放一种叫作组织蛋白酶 B（cathepsin B）的蛋白质来加速修复。2016 年，研究人员发现，组织蛋白酶 B 循环水平的提高，能够增加一种叫作脑源性神经营养因子（brain-derived neurotrophic factor，BDNF）的蛋白质的产生。[12] 正如我们后续会详细看到的那样，BDNF 能促进大脑内更多神经元的生长，还能增大海马体的尺寸。

在一项对长跑、耐力训练和高强度间歇性训练后的 BDNF 水平进行比较的研究中，人们发现最明显的增长出现在长跑之后。这也证明了上述组织蛋白酶 B 理论的正确性，因为长跑的压力可能会刺激肌肉释放更多的蛋白质来进行修复。

任何一种特定的机制，比如组织蛋白酶 B 导致 BDNF 增加，都只是一位跑步者的有机整体的一部分。"一次运动产生的生理改变意义深远，它会对身体的每个方面产生影响。"伯恩斯说。

跑步中最明显的两个变化：一是血压增高，二是脑供血量增加，让人更加警觉。史密斯表示，脑供血量增加"确实能够增强处理信息的脑区"。而理解跑步如何影响大脑的困难在于，它同时影响着几个相关的系统。"在 BDNF 提升的同时，其他神经递质也在增加，比如去甲肾上腺素（norepinephrine）、血清素（serotonin）和多巴胺（dopamine）。"他说，"因此，可能是因为各类神经递质的组合，它们帮助大脑的奖励回路更加有效地运作。"

史密斯还补充道，"去甲肾上腺素等物质水平的增加可以调节大脑中的神经细胞。它们有助于降低噪声，让你获得更多需要的信号，从而使神经网络能够更快地做出更好的决策，记忆也许更容易留存在大脑里。这一切同时出现，并产生作用。"

最复杂的或许是梳理出跑步对于大脑健康产生的长期益处。"人们对何者更重要争论不休，"伯恩斯说，"我认为它们都很重要，而且它们或许都对大脑获得诸多益处产生了作用。"在常规的基础上，更好的血液流动是原因之一。"更加健康的血管会在需要将血液传输到大脑不同部分时，适当地收缩和舒张。"史密斯说。

那么其他方面的结构变化呢？卢克-卡萨多告诉我，跑步时要求的专注，或许并不是他所发现的耐力运动员在专注度测试中表现更好的主要驱动力。其他研究者可能并不赞同这一观点。亚利桑那大学的一项研究采用磁共振成像去测量竞技跑步运动员和同龄的好静人群，发现跑步者的不同脑区之间有着更好的功能性联系。[13] 跑步者不同脑区间的别样连接方式，与我们在本章提到的高水平认知工作有关，比如工作记忆、注意聚焦以及加工速度（processing speed）[①]。

　　在研究人员讨论其发现时，他们提出经常跑步似乎可以重塑我们的大脑。"那些要求持久、重复的动作以及导航技能的高强度有氧运动，可能会对大脑的认知区域造成压力，导致大脑连接的改变。"他们写道。我们中那些 10 年来第一次能够沿着一条旧路线跑步的人，会欣赏这样一个想法：我们跑过的路构建了我们的大脑。正如亚利桑那大学的研究者所说："增强的连接或许会在运动时回应认知的需求，而增强后的连接或许可以更广泛地促进执行功能，同时改善晚年生活中的认知功能。"

　　大脑长寿的另一个关键在于，跑步在降低炎症反应中的作用。淀粉样物质斑块（amyloid plaque）是一种蛋白质片段的纤维团，它们附着在细胞外部，被认为与阿尔兹海默病及其他认知问题有关。史密斯和伯恩斯都认同有规律的跑步有助于祛除这些斑块，以及其他脑部有毒物质。

　　那些听起来很拗口的名称，比如 BDNF 和去甲肾上腺素，随着时间的推移可能会产生巨大的作用。

---

① 加工速度是一种理论性的心理结构，它表示个体执行多种不同认知操作的快慢程度。

史密斯说，功能良好的神经递质系统意味着"一切都不会过度表现，也不会反应迟滞"，从而保证大脑对压力或其他刺激进行反应的相关系统能够得到良好的管理与平衡。而海马体的功能增强与体积增大，意味着随着年龄的增长，这个大脑的关键部分能够得到一定程度的保护，也将反过来增强大脑的整体功能。

以上的这些，相比于某人第一次说出"健全的精神寓于强健的体魄"时，关于身心健康联系的知识已经得到了较大的完善。规律的跑步对大脑健康有着深远的影响，而大脑又是大多数人最为关注的身体器官之一。对于我们这些利用跑步管理心理健康的人，其益处更为显著。这里所描述的很多积极变化——诸如 BDNF 水平的提高、神经递质系统的更好运行和海马体的增强，都是跑步在短期和长期中缓解抑郁和焦虑的关键，也是接下来几章的主要议题。

RUNNING IS
MY THERAPY

世界上每五个人当中就有一人受着心理疾病的困扰。对我而言，这意味着心理疾病以某种方式影响过每一个人。我甚至认为这个数据不具有绝对代表性，因为很多人正默默地承受着心理疾病带来的痛苦，却不敢寻求急需的帮助。

《轻疗愈：找个心理医生聊聊也没关系》

让人们获得帮助、消除病耻感 高人气
心理学科普视频创作者
卡蒂·莫顿

第 2 章

跑离悲伤与倦怠，走出抑郁

假设某天醒来时，你的耳朵里响个不停。或许你首先要做的就是在近来发生的事情中找原因——你去听了音乐会、坐了飞机、在吵闹的餐厅吃了饭等。如果你没能找到原因，也许就更想一探究竟，去网上搜索"突然耳鸣"。这种声响或许会左右你当天的日程，但通常它会很快消失，你也就忘记了它。

如果这种声响持续数周，也许你会去医院检查一下，即便你知道声响出现的缘由。如果这种声响消失了，你会将它抛在脑后。倘若一年内你耳中再次出现这种声响，你会对它更加上心。

如果这种声响一直没有消失，你可能会发现自己有耳鸣问题。你会告诉自己，这种症状也许会陪伴自己走完余生。你会去寻找策略、尝试一些抑制耳鸣的方法，同时也试着继续生活。而在更为自怜的情况下，如果有人在长途飞行后抱怨耳朵里有响声，你可能会想："要试着与它共度终生，虽然这没有什么原因。"

这是一种看待抑郁的方式，不同于每个人都经历过的短暂的悲伤、倦怠和对日常活动的兴趣减退。与抑郁共生，就意味着我们要管理抑郁，尽可能减少其对自己的干扰。对大多数人来说，成为一名跑步者是管理抑郁的关键策略之一。

我们凭直觉就知道，正如越来越多的专家相信的那样——跑步不仅帮助我们感觉更棒，还可以改善生活的其他方面。

抑郁，比你想的更复杂，也更普遍

虽然现在整个社会对于抑郁和其他心理健康障碍的误解已经不像从前那么深，但许多人仍旧觉得公开谈论这类话题并非易事。如果你们知道抑郁是多么普遍，就会明白谈"抑郁"色变有多奇怪了。

世界卫生组织（World Health Organization）表示，抑郁症是世界范围内导致残疾的主要原因。美国国家精神卫生研究所（National Institute of Mental Health）估计，2015 年，美国有 1 600 万成年人至少有过一次抑郁发作。这一数字涵盖了当时 6.7% 的成年人口，且仅仅包括符合重度抑郁发作的经典定义的人群：即体验抑郁心境至少持续两周，且伴有至少 4 项其他标志着重大功能性改变的症状，如精力急剧减退、睡眠与饮食模式改变、注意集中困难、低自尊，以及对平时喜爱的活动兴趣减退等。

如果算上有慢性抑郁的儿童与青少年，那么与抑郁共处的人数会更多。"我敢说在任何时候，人口中都有 10% ~ 15% 的人可以被认为是抑郁的，"弗兰克·布鲁克斯（Frank Brooks）博士说，他是一位临床社会工作者，也是来自缅因州波特兰市的教授。"因此，仅美国就有超过 3 000 万这样的人。"

对抑郁症进行简明扼要的描述是很困难的。这并非一种二元状态，像骨折或者怀孕那样。临床医生发现，大量的症状都与人们的思考、行为和感觉有关。而抑郁症的分级——轻度、中度和重度——可以作为一种校准称谓，一般用于临床治疗，并没有一个标准答案判断受试者是否患有抑郁症或抑郁症的级别。情绪和感觉问卷（Mood and Feeling Questionnaire，MFQ），提醒用户"并不存在特定的分界点"以明确定义抑郁症的出现或严重性。

不同的人对抑郁的体验也非常不同。我从未自杀过，可我太过自负，以至于对 MFQ 中的潜在症状"我从来都不如别人"除了"不对"以外想不出其他更好的答案。但对于 MFQ 中罗列的其他症状，比如"我感觉痛苦或不快""我感觉孤独""我完全无法享受任何事"，我的第一反应通常是："人究竟要怎么想才能消除这些感受？"

进一步给清晰的分类蒙上阴影的，是很多类似的抑郁量表都与最近的感受和行为有关，比如过去两周内发生的事情。这样做能更精确地捕捉抑郁发作（depressive episodes），是一种情绪、行为、活力水平等相对突然的转变，也是我们所知道的抑郁障碍，其症状不那么严重，却更为持久。

"这非常棘手，因为人们一旦经常产生抑郁症状，其影响将是终身的，但他们可能并不知道其中的不同。"医学博士布赖恩·瓦齐（Brian Vasey）谈到对某些人的诊断时这样说道。他是一名临床心理学家，也是来自威斯康星州麦迪逊的跑步者。

事实上，当我看到诸如"我发现自己话比平常少了""我行动和走路都比平常更慢了"这样的检测语句时，常常想："的确要比平时少些，可这又不能说明什么。"

在这种情况下，倾听他人对抑郁的一般性描述，要比得出一个武断的定义更有帮助。让我们从治疗师开始说起。

"我会把抑郁描述为一种不高兴、失去意义、缺乏动机和关注的感觉。"瓦齐表示，"具体也是看情况的——人都是不同的。抑郁的儿童可能很容易被激怒。我见过有人表示，他们觉得每个人都对自己很刻薄，而当抑郁趋于好转时他们会感觉'噢，人们还是不错的'。他们并没有觉得自己的情绪变好了，却觉得别人对自己更好了。"

布鲁克斯强调抑郁在日常生活中对我们造成的影响——睡眠、上班、对自己和他人所负的日常职责。"'我今天工作很糟'与'今天工作很糟，所以我明早不起床了'之间，有着深刻的差别。"布鲁克斯同样也在研究人际关系是如何进展的："即使是轻微的抑郁，也可能对人际关系产生非常深刻的影响。"

瓦齐和布鲁克斯同意心理学博士劳拉·弗雷登多尔（Laura Fredendal）的观点。劳拉是一位来自印第安纳州特雷霍特的临床心理学家和跑步者，她表示："感受的持久性和各种症状是作出诊断的关键。但我更愿意看到这个人，而不仅仅是抑郁患者的代表。"瓦齐表示赞同："这关乎站在我面前的人及其与他人的关系，关乎'你是谁？'而非'你的症状是什么？'。"

那些有抑郁症状的跑步者呢？我会在本章后半部分描述我关于跑步与抑郁的早期体验，而以下是其他跑步者的经历。

克里斯汀·巴利（Kristin Barry）是一位来自缅因州斯卡伯勒的长年跑步者，她回顾了自己在中学时的第一次抑郁感受。"当时并没那么糟，只是一种低水平的悲伤，"她说，"有时候这是一种厌恶和一定程度的无望，我很想知道自己为什么没办法和别人一样，但还没到崩溃的程度。"巴利在1997年有过一次严重的抑郁发作，那是她在法学院的第一年。"我没法集中精力，感到信心尽失、极度的无望。当时的我无法享受任何事，对任何事都选择逃避。"

来自弗吉尼亚州安嫩代尔的里奇·哈夫斯特（Rich Harfst）是另一位长年跑步者，他从青少年时期就开始和抑郁抗争。在他17岁时，一位治疗师对他做了诊断。"由于我开始越来越多地与外部世界接触，因此抑郁开始在我的校园行为和兼职中表现出来。"他说，"我父母认为我遭遇了一些适应问题，以及青少年的愤怒问题。"

哈夫斯特现在50多岁了，他还经历过慢性抑郁和抑郁发作。"我本身就有一些躁狂抑郁症的表现，不过我的躁狂比较受抑制，"哈夫斯特说道，"后来我矫正到了中度，这对我来说已经很难得了，我生命中有一半的日子，因为这样或那样的原因，陷入过更长时间的恐惧，大约 6 周。"

阿米莉娅·加平（Amelia Gapin）是一位来自新泽西州泽西城的软件工程师，同样与慢性抑郁和抑郁发作抗争过，虽然抑郁发作在她开始专注于跑步后得到了改善。"在日常生活中总会有潜在的抑郁症状态。"她说，"其中还存在着更糟糕的发作期，持续 6 周甚至 2 个月，其间我根本无法起床。到了周末，醒来后我要花数小时把自己挪到沙发上，然后就待在那儿。人们认为抑郁会有不良的感受，但很多时候你只是毫无感觉——你感到空虚，任何感情都是枯竭的。"

由于人们对抑郁的体验方式有很大的不同，因此其成因仍旧扑朔迷离也就不奇怪了。美国国家精神卫生研究所给出了全面的解释："当下的研究认为，抑郁是由基因、生物、环境和心理因素共同造成的。"举一个例子来说明其成因的复杂性：现代抗生素药物可以作用于其生物因素，比如大脑 5- 羟色胺系统的缺陷。但并非所有患有这种缺陷的人都会患上抑郁，也并非所有患有抑郁的人都会表现出异常的大脑化学反应。

对于诸如大脑海马体萎缩等生物学观察结果是抑郁的原因还是

结果，专家们也没有达成共识。有一种理论是所谓的"导火索"，即抑郁发作会改变大脑的结构或功能，使其更容易受到随后生活压力的影响。这种生物和环境交互的因素，或许有助于解释为什么有的人在压力事件以后会产生严重的抑郁发作，但有些即使经历过孩子夭折的人，一旦恢复过来，就不会再因此陷入抑郁了，但其他人却会因为相对较小的压力事件而陷入抑郁。

里奇·哈夫斯特曾因为失恋而经历过抑郁发作，而阿米莉娅·加平则在变性手术醒来后产生了严重的抑郁发作。任何有同理心的人，都不会否认哈夫斯特和加平所遭受的、切实存在的痛苦。然而他人经历过不幸最终却没有抑郁的事实提醒我们，理清那些导致抑郁发生的事件是多么艰难。

即使对家族遗传史了如指掌，也可能很难理清。从表面上看，遗传因素似乎显而易见。但是那些关乎环境和生理的因素，比如社会经济地位，以及孩子所采纳的来自父母的思维和处事方式呢？据我所知，我的 5 个兄弟姐妹和父母都没有得到过抑郁诊断。但有一位祖父辈的人因为抑郁而接受过电击疗法，这也表示他的症状比较严重，同时也反映了 20 世纪上半叶人们对于心理问题的羞耻感。

难道那种不讨人喜欢的大脑化学物质，跨越了代际且仅仅遗传给了我？我的兄弟姐妹们是否从对父母的观察中得出了关于如何看待生活的完全不同的结论呢？谁知道呢？

但也不要妄下定论，而且在某种程度上，这并不是我们该关注的事情。当你有抑郁症时，真正重要的不是你为什么会有抑郁症，而是如何应对它。我是我家唯一的跑步者可能不是偶然的，有确凿的证据支持我成为一名跑步者的决定。

规律的运动是抗抑郁的首选"处方"

在过去的几十年间，有越来越多的研究将锻炼作为潜在的抑郁症治疗方法。几乎所有的相关研究都采用了有氧运动作为资料，而跑步就是其中一种。在第 4 章中，我们会细致地探讨跑步相比其他的锻炼形式是否尤其有效。这些研究试着将原本好静的抑郁人群分成两组或更多组，然后观察不同形式的治疗在研究结束时对其产生的影响。

有些研究只有两个实验组，一个组继续保持静止，而另一个组开始锻炼项目。其他研究则将锻炼与其他寻常的治疗方法进行对照，比如抗抑郁药物和心理治疗，而实验对照组则接受安慰剂摄入。

比如，杜克大学（Duke University）有一项著名的研究，研究人员将 202 位重度抑郁的成年人分成 4 组，分别接受不同的治疗方式：以小组为单位分别进行受监督的锻炼、在家中自觉锻炼、服用抗抑郁药物舍曲林（sertraline，一种最常见的左洛复药物品牌），以及服用安慰剂。在为期 16 周的研究结束后，研究人员将重新测量受试者的抑郁水平。

4 个月的治疗结束后，41% 的受试者已经达不到重度抑郁的临床标准了，这里有个很关键的细节：两个运动的小组和使用抗抑郁药物的小组，其成员的抑郁症状均有所改善[1]（这几个小组相比于控制对照组，改善效果都较为显著）。

在后续的研究中，研究者在首次研究结束一年后，对那些受试者进行了调查（比如在距离第一次研究开始 16 个月后）。研究者发现，这一年中继续保持规律运动的人，平均来看，其抑郁症状有了最明显的减退。[2]

这一类型的研究支持了一种观点，即锻炼在减轻抑郁症状方面的表现不输于抗抑郁药物。该观点得到了一篇发表于 2017 年的关于该议题的研究综述的支持。[3] 与杜克大学那项研究相比，研究综述囊括了所有与之得出共同结论的、经过精心设计的研究。2017 年的研究综述发现，杜克大学的那项研究并非侥幸。这篇综述声明："所有这些研究都表明，锻炼与标准抗抑郁治疗有着同样的效用。"

关于锻炼与抑郁关系的研究，最为人所知的综述叫作《科克伦评论》（Cochrane review）。[4] 其内容会随着研究的进展而更新，包括对轻中度以及重度抑郁人群的研究结果。最新版本囊括了 39 个研究结果，受试者总计超过 2 300 人。对于我们的目标来说，其最关键的作用就是发现了在减轻抑郁症状方面，锻炼的效果能够与抗抑郁药物以及心理治疗相媲美。另有一些研究支持将运动与其他治疗方法结合使用。[5] 而这些治疗方法的主要类型，则是本书后面章节的主题。

还有一些证据表明，规律的运动可以控制抑郁的发展。[6] 一项挪威的研究跟踪了 34 000 名成年人长达 9 ~ 13 年之久。研究开始时，有 7% 的受试者出现了可被确诊为抑郁的症状。研究者们收集了受试者在研究开始和结束时的运动习惯的数据。令人震惊的是，相比于每周运动 1 ~ 2 小时的人群，不进行规律运动的人抑郁症状加重的概率要高 44%。

这个研究的设计非常重要，因为它将一开始并不抑郁的人也囊括在内，排除了受试者是因为抑郁而不喜动的可能性。另一个点是关于好静和抑郁之间的联系：久坐不动增加了常见病加剧的可能性，比如心脏病和糖尿病，而它们有可能进一步导致抑郁加剧的风险。[7]

尽管将锻炼作为治疗抑郁的方法之一的论据越来越多，反对的声音却依然存在。一些抵制者反对运动的医学作用，是基于一种合理的论调，即你常常没有办法让人们参与体育锻炼。

美国疾病控制与人口中心（Centers for Disease Control and Population）表示，美国只有 21% 的人口做到了轻中度有氧运动的推荐值，即每周 150 分钟。他们同样合理地指出，要罹患抑郁的人每周拿出 5 天来每天运动半小时到一小时，或许是尤其困难的。而对习惯跑步的人来说，这个适度运动的建议根本不是问题。你只要以 10 分钟每英里的速度，每周跑上 15 英里，就能达到 150 分钟了。

另一个导致对锻炼效果产生怀疑的原因在于研究方法。要反驳这种怀疑，通常需要对此议题下的研究进行一个简评。

同行评议的黄金标准，正是我们熟知的双盲研究，无论是受试者还是研究者，都不知道各组受试者接受了何种治疗。因此，比如在测试新药的时候，你需要让一半的受试者使用药物，另一半受试者使用与药物在外观、口味等方面没有区别的安慰剂。

你要保证服用与分配药物的人也不知道谁服用了药物，谁服用了安慰剂。这样的设计减小了对药物效果的感知影响受试者对药物反应的可能性，同时也减小了研究者干预这些反应的可能性。

双盲研究不适用于包括运动在内的一些研究领域。如果你是抑郁且好静的人，同意参加一项关于锻炼是否能够减轻抑郁症状的研究，你就会知道自己是属于开始锻炼的一组，还是剩下的久坐对照组。你可能会在锻炼6周后报告称自己感觉更好了，因为你听说锻炼有助于减轻抑郁；你对于益处的期望或许本身就可以产生这样的益处。

那种由于期望而切实感觉更好的现象，正是安慰剂效应（placebo effect）的一个例子。"安慰剂效应"常常被用来表达一种轻视。比如，一个跑步运动员刚换了新教练就跑得更快了，这就是一种安慰剂效应，因为他并不可能在两周内就变得更健硕。

相反，研究者们承认安慰剂效应的有效性。这是一种有力的提示，即我们的思想在身体感觉中扮演着重要角色。抑郁尤其如此，它不像肾病那样可以被简单地诊断为身体疾病。

研究者们尝试着在设计研究中解释安慰剂效应。在一种新药的测试中，研究者预期，服用安慰剂的那部分人所报告的效果会与服药的人一样。他们想要知道的是服药那部分人报告的效果与服用安慰剂的人是否有显著差异（无论是在类型还是程度上）。

在测试锻炼是否有助于抑郁患者时，安慰剂效应是通过给静坐的对照组一种没有效用的药丸来实现的。

这个方法也适用于其他形式的、不可能否认你在接受治疗的治疗，比如谈话疗法。这段指导的关键在于：在如此设计的研究中，开始锻炼的人相比静坐并服用安慰剂的人，抑郁症状有更明显的改善。

在对杜克大学运动与左洛复（Zoloft，抗抑郁药）的对照研究的讨论中，医学博士约翰·瑞迪（John Ratey）在其著作《运动改造大脑》（*Spark:The Revolutionary New Science of Exercise and the Brain*）中写道："其研究结果应该在中学里就教授，保险公司也应该将其推广到家庭中，应该发布在全国每个疗养院的公告栏上，我们国家每 15 个人中就有一个患有抑郁症。"但美国现在还没有这样做。

要将锻炼视为一种可行的、独立的治疗方法，对于美国的医疗体系来说或许还存在着一些障碍。目前的状况是，医生接受的训练更多是治疗疾病而非促进健康。我们到医生办公室的目的，不在于如何让人生达到完满，而是因为自己有点问题。

我们去是抱着这样的期待：医生能够为我们提供点什么？一份处方、一两个检查或一份专家推荐——总之是我们无法为自己做的事。医生总想拿出一些体现自己学识和经验的东西。如果医生说："试着去户外走动一下，大多数的日子里每天要运动 0.5 ~ 1 小时，6 周后再来找我。"这对双方来说，都不是典型的问诊方式。更为愤世嫉俗的人或许还会提到，制药公司是如何推销他们的理念，说自己的药物包治百病。

在由美国精神病学协会（American Psychiatric Association）和美国医师学会（American College of Physicians）等团体制定的指南中，并没有将运动作为一种首要治疗方法，或者说，没有将运动列入医生应该推荐给抑郁患者的初始治疗方式。现代抗抑郁药物以及某些形式的心理治疗，是两种主要的一线疗法。

在美国国家精神卫生研究所网站的病人一栏，将运动放在一个叫作"超越治疗手段：你能做什么"的板块，该板块还有诸如"为自己设定可实现的目标""持续学习有关抑郁的知识"等内容。

相反，英国、荷兰和加拿大等国家发布的同类指南则推荐临床工作者将运动看作首要疗法。比如加拿大就推荐将运动作为针对轻中度抑郁的首要且独立的治疗方法，即使对于更为严重的病例，也要将运动作为与其他治疗方法联合的二线治疗，或者第二轮治疗。

而在澳大利亚和新西兰，运动则更受欢迎。在整合了久坐不动对抑郁的影响后，澳大利亚和新西兰皇家精神病学院的指导方针将运动看作"零阶"疗法。也就是说，在悉尼和奥克兰，久坐的抑郁患者会被鼓励去运动。只有在常规的运动改善效果不显著时，患者才会像美国主张的那样尝试药物和心理疗法。

说回到美国，将运动作为药物或许能成为一种案例，在此情况下，病人占据主导地位，规范实践也会迎头赶上。理想状态下，更多的医生和临床工作者会聆听他们的病人讲述跑步及其他形式的运动是如何帮助他们管理抑郁的，这里就有一个类似的故事。

从快感缺乏和厌世，到从奔跑中重建生命的意义

不同于很多有症状的人，我从未对抑郁感到无能为力。大多数人会认为我很有效率、很有成就，甚至充满活力，毕竟我的跑步里程已超过 11 万英里。可我患有心境恶劣，简单来说就是"脾气差"。我将心境恶劣比作在我左腿筋和盆骨的连接处嵌入一个生锈线圈的感觉——它伴随我几十年了，可是几乎从来没有糟糕到需要在上面花时间的地步，但它又一直挥之不去，如果我不勤于自我关照，它就会由可控变为令我苦不堪言。

正如腿筋被刺入的不舒适感，我已经与心境恶劣相伴很长时间了。我一直是个"情绪化"的小孩。一旦我进入母亲口中的"恐怖状态"，她就会问我："怎么了？""我不知道，只是感到难过。"我只能这样说。往往会得到这样的回应："好吧，快点振作起来！"

其实我的童年时期并没发生什么可怕的事情。我也从未受过虐待。我的家庭并非一贫如洗，身边也没有人过世。我有朋友和兄弟姐妹可以一同做事，在学校的表现也不错。可是，也没发生什么特别的事情。一个灰暗的 3 月周二的下午两点，就是我对自己童年的勾勒。

九年级时，我的性格逐渐定型，至今未发生太大变化。那个学年发生了很多关键的事：我变得更加目标导向了，我变得沉默而忧思，也开始了跑步。而这些事在同一时期内发生，也并非巧合。

　　一天，在一堂主题为淡水生物系统的生物课上。我们学习了一种生物——蜉蝣，这种生物的成年阶段只持续 24 个小时。若虫生于水中，成年、交配，然后在一天内死去。它们成年后没有进食的能力，因为没有这个需求。

　　那天晚上我几乎没能完成作业。蜉蝣的生命轮回，让我体会到了一种前所未有的悲伤。我想，令我悲伤的点在于，难道出生的意义仅仅在于足以活到繁衍出下一代同样可悲的蜉蝣吗？为什么蜉蝣不可以存活 48 小时呢，这样他们在交配和死去之前，可以多出一天来享受自我。紧接着击垮我的是，那两天的存在也没有多大的意义，即便延长至三天、四天也是一样……

　　我长期观察自己的家庭，想知道是什么造就了我们的行为，特别是像周末这种不存在例行的上学和工作的时间。我们是如何安排自己时间的呢？我们似乎只是简单地把三餐之间的时间填满，周末很快就结束了，然后我们就回到不用去思考需要做点儿什么的日子。

　　而我想重点在于，我们的生活相比于蜉蝣以及它可悲的 24 小时生命轮回，又有什么优越之处呢？多年之后，我学会了"厌世"（weltschmerz）这个词。其字面意思来源于德文"世界"（Welt）之"伤"（Schmerz），指由于欲望和现实世界之间的差距而造成的悲伤。要是我早知道这个词，读九年级的我会在上完生物课的第二天带着一张纸条去学校，上面写着："请谅解斯科特的情绪，蜉蝣导致了他的厌世。"

自从那时起，生活不令人满意的本质及其带来的失落之苦，就一直伴随着我。"有知性化倾向的病人，可能会喋喋不休地谈论异化和人类状况之残酷的议题。"名为《心境恶劣和慢性抑郁谱系》（*Dysthymia and the Spectrum of Chronic Depressions*）的著作如此提醒治疗师们。

经过这次事件，我立下了一个充满野心的目标：不再安于成为一名乖学生，而是要门门功课都得 A；不再安于一天不落地去学校，而是要更积极地参与学校活动；不再因为爱好露营而安排时间参加童子军，而是要成为一名鹰级童子军①。

那时的我还不明白为什么会发生这一改变，现在我已经意识到，自己之所以这样做，是因为急速发展的心境恶劣。我认为抑郁的主要特征之一是快感缺乏——体验快乐的能力衰退。这些目标是一种路径，让我在做任何事的时候都更有参与感。要是学校或者其他有挑战性的项目中没有那么多令我长期享受的活动，那么为何不将目标设置得更高一点，让自己更加满足呢？

在那段时间，我第一次喝醉酒、第一次抽烟、第一次交女朋友。这样一来，我的快感缺乏和厌世都有处安放了！通过认真聆听，好的音乐也能带着我通向极大的快乐境地。在那里，我可以逃离往常

---

① 鹰级童子军是童子军的最高级别。

充斥脑中的"我们都是蜉蝣"的思绪。

跑步是那段时间中我尝试的另一个新事物。我在体育课上做过一个小测试，我在田径方面的理想选择是围着学校操场边慢跑，而非跳远或者短跑。我很享受这种方式。

那时，我姐姐的朋友拿到了州立越野赛冠军。他在当地运营着"杰西为人类行走 20 英里"（Jaycees' Walk for Humanity twenty-mile）筹款活动，相比于他的州冠军，这更令我印象深刻。他如此有力和独立，实在是太迷人了。在我的整个童年中，常常觉得自己想做点不同的事情，但并不知道要做什么。而那时候，我明白了。

十年级之前，我还没开始参加高中组织的跑步比赛。但我知道自己要走出去，参加国家越野队。因此我在 1979 年 3 月 1 日开始跑步，那是九年级的春天。

很快，我就能跑 10 ~ 12 英里了，有时候一天还可以跑两次。正如我在年少时突然堕入性、药物和摇滚乐一样，跑步也可以对抗快感缺乏和厌世状况。在我跑步时，心理和生理都振奋起来。在夕阳余晖下，我得以从精益求精的渴望中暂时解脱。跑步为我的一天勾勒出了架构，也为平淡的生活赋予了意义，而非仅仅思考吃点什么。我每天花一两个小时在外面跑步，还变得越来越瘦，我母亲对此感到不满，但她后来也承认了跑步对改善心理健康状况的积极作用。每当我心情很差时，她会说："为什么不去跑个步呢？"

上高中后，我开始和团队一起训练，跑步对我来说就愈发重要了。有两个和我一同跑了几千英里的家伙，最后成了我的好朋友。在公路赛中，我和一些成年跑者也成了好朋友。他们给了我希望，让我相信跑步能够成为我漫长未来中的一个部分。

跑步变成了一种可靠的快乐和放松的源泉，因为它在一定程度上为我提供了生活的架构和追逐的目标。我知道，我最终能够找到一种让生命更鲜活的方式，一路奔跑，日复一日。

而我不知道的是，那时的行为正改变着我的大脑结构。

长期跑步的人比健身重训者更快乐？

在跑步早期，我发现并陶醉于其对我情绪的影响。那种走出家门，只需 30 分钟就能带着活力、乐观、充实和愉快回家的感觉实在是太神奇了，而且不需要让我哥帮我买啤酒就能做到！不论你的心理健康状况如何，这种情绪的即刻高涨，都是跑步最吸引人的点之一。短时间的放松对于抑郁的跑步者来说尤其有魅力。在第 4 章中，我们会更加细致地观察、探究跑步让人改善这么多的原因，以及如何将这种益处最大化。

但跑步对于抑郁的改善是积年累月的，有赖于大脑结构的改善。根据潘特雷蒙·艾科卡基斯（Panteleimon Ekkekakis）博士——一位来自爱荷华州立大学的教授和研究者所言，有规律的跑步会产生两项与现代抗抑郁药物同样有效的变化：神经递质血清素和去甲肾上腺素水平升高，并且促进神经发生，即新细胞的产生。

正如劳拉·弗雷登多尔所言："每天的刺激很重要，经年累月就会产生累积效应。你实实在在地构建了一个更健康的大脑，而健康的大脑会让你感觉越来越好。"

这种改变有很多发生在海马体，这是一个抑郁患者的大脑中常常萎缩的区域。艾科卡基斯称："磁共振成像扫描甚至可以在运动干预 6 个月后显示，海马体的体积有所增加。"而随着抑郁原因不确定性的增强，艾科卡基斯表示，"海马体主要与记忆有关。我们不理解为什么一个显然和记忆有关的脑区的生长，会对抗抑郁效用有所贡献。但两者看上去的确有联系。"

有规律的跑步导致大脑结构的变化，是我在本书的写作过程中学到的最重要的事。只要仔细思考就会明白：在过去几十年的跑步中，为什么我的胸腔 X 光片不会显示左心室以一种和大脑一样的方式扩大？不过，"跑步让大脑中的海马体增大，所以跑步可以让你心理更健康"这一说法的确不太常见。

要探讨跑步对于心理健康的益处，应该更关注日复一日的影响，这意味着通过跑步来控制抑郁是一项每天都要做的、永无止境的任务。而研究表明并非如此：跑步会产出神经发生与神经可塑性①（改善大脑内部的通信网络）。[8]

---

① 神经可塑性是指由于经验原因可引起大脑结构改变的性质。大脑由神经元细胞和神经胶质细胞构成，这些细胞互相连接，通过加强或削弱这些连接，可以改变大脑结构。

神经发生与神经可塑性似乎主要因为脑源性神经营养因子而产生，前一章也对这种蛋白质进行了简要的讨论（"营养"在此语境下，表示促进大脑内一种被称为神经元的细胞的存活和生长）。BDNF常被称为大脑的美乐棵（Miracle-Gro）①。"它会帮助神经元放电，并相互连接在一起。"弗雷登多尔说道。

而海马体因其和抑郁之间的神秘联系，成为BDNF活动的关键区域。BDNF水平的提高不仅促进神经元的新生，还能让现存的与血清素传递有关的神经元更好地发挥作用。同样，这个增强血清素等神经递质能力的机制完全是现代抗抑郁药物要实现的目标。

BDNF水平在任何特定的锻炼后急剧增加。[9]更准确地说，任何有氧运动，比如跑步。大多数研究都没有发现诸如力量训练之类的活动能够提高BDNF的水平。[10]这种跑步期间BDNF水平的激增部分解释了为什么你敢打赌跑完步回家时心情会更好。

但我们跑步者真正获得的益处是日积月累的。规律运动的人每次锻炼后的BDNF增加效果，要比不规律锻炼的人好。每一次跑步，你都能收获更多的好东西。而规律性能带给你的另一个好处在于：有研究表明，频繁运动者相比于久坐者，在休息时的BDNF水平也更高。[11]因此，即使在你不跑步的时候，经常锻炼对你的大脑仍然更好。

当然，你可能并没有达到跑步者前后的典型BDNF水平图表。你拥有的只是自己的主观体验。对主观体验的反思或许能够帮助你

---

① 美乐棵是著名的园艺品牌，也是世界销量第一的家庭园艺肥料品牌。

意识到，成为跑步者的时间越长，受抑郁干扰的程度便越低。

"跑步带来的神经发生同样会发生在前额叶皮层，"弗雷登多尔说，"那是大脑内极其重要的一部分。压力适应性强的人会显示出更多前额叶皮层左侧的活动。跑步或者做其他困难的事情，也就是你强迫自己做的事情，就会增加前额叶皮层的活动。这样做久而久之便能够建造一个更有能力规制自身的大脑。"或者，正如发表于《临床医学评论》（Clinical Psychology Review）的一篇综述中所言："运动训练缔造了一个关乎长期抗压能力的进程。"[12]

关于跑步对抑郁的帮助，还有另一种关键的生理学途径。它产生于一个看似悖论的事实：耗费精力让你更有活力。

为什么想要动起来，身体却还在和拖延作斗争？

我曾向哥哥解释过抑郁的倦怠状态。我问他口渴的时候会做什么。他朝我"哼"了一声，说："找点东西来喝。"我说这没那么简单。我告诉他，我在口渴的时候会想"我应该去厨房找点水"。接着，我可能会想象自己从椅子上起来，走到另一个房间，拿起一个玻璃杯，然后打开水龙头。我说，想象自己进行这一套程序常常导致我产生这样的想法："太麻烦了，还是等准备好再去吧。"

对我哥哥这样的人来说，这种先把想做的事情在大脑中进行预演、最后决定不去做的行为让他觉得很奇怪，但抑郁患者听了会表示理解。疲劳常常被列为抑郁的症状之一。我认为这个词不是十分准确。如果在过去两个月里，你跑过的最长的距离是 14 英里，疲劳就是你在一处 20 英里长的丘陵地带跑到第 17 英里时的身体状态。

"感觉疲劳"则更能准确地捕捉想做一件事，但在感觉充满活力之前一直拖延的现象。如果你的抑郁症状包括无意义感，那你可能会尤其缺乏主动性。为什么要费劲地起床，然后做一些努力后却没有用的事？惰性也是一种习惯。习惯于休息的肉体更想休息。总而言之，这会让人感觉更加消沉。

跑步是一种从懒散中解脱的日常方法。走出家门就能改变故事情节、创造动力。"我将跑步看作一种激活方式。跑步能带来精力的提升从而改善抑郁。"临床心理医生布赖恩·瓦齐如是说。弗雷登多尔对于抑郁患者则这样说道："我还没有一个病人不能从提高活动水平中获益。如果你抑郁，你的大脑就更为闭塞，而跑步可以激活你的大脑细胞。这样的激活体验可以让你感觉更好。"

在我跑步的早期，常常遭遇激活困难。我想到自己离家 5 英里，然后又想："算了吧，等我有精力了再说吧。"我知道我所等待的那种神奇能量，只有在跑完步后才会到来。即便如此，我还是会产生这种想法。而我现在很少会与愚蠢的拖延作斗争了。我已经用几十年时间证明，只需要几英里，就能够为身心带来无与伦比的精力。

另一个关键是要将这样的教训内化：做点什么要比无动于衷好得多。换句话说，当你知道自己需要跑步时，就别去想象离家 5 英里时的自己了。在我抑郁最严重的那些日子，我告诉自己的全都是只需要象征性地跑一下，哪怕是慢慢吞吞的速度也可以。如果你在10分钟后感觉更糟了，你会告诉自己："我该回家了。"而你大概可以猜到，这时候我总会在外面多待一会儿，然后带着胜利回家。

为了在冬眠的树懒与运动的跑步者之间架起一座桥梁，我想象着那天晚上自己上床睡觉的场景。当我关掉了灯，我会不会比跑步的时候更开心呢？当然，我还找到了一个可以让我立马换上跑步服装、开始跑前拉伸及其他运动的方法。在那些特别艰难的日子里，我告诉自己应该马上做的事情只有轻柔地拉伸。只要我穿上运动装备，就会感觉好一些。

这种低水平的活动开启了我的活力进程：看到自己在户外运动开始成为可能。弗雷登多尔有时候会让病人站起来，和她一起进行呼吸训练，或者晃动胳膊以获得轻微的激活效果。

经过多年的学习，里奇·哈夫斯特同样知道跑步在看上去最不可能做到的时候，其效果可能是最好的。在高中与大学的比赛后，他自称是一位处于职业生涯第一阶段的健身跑步者。在2004年接受背部外科手术后，他又开始了跑步并决定继续参赛。而现在50多岁的他，试着在马拉松比赛中跑进3小时内。

"我已经实现了一个目标——祈祷一下吧——我真的很擅长开始做一件事，"哈夫斯特说。在过去，长时间的抑郁发作更为常见。"最糟的日子已所剩无几，我只要再拼一把就能挣脱它了。这就是跑步的作用——我在最糟的时候仍旧坚持。有些事可能还是会发生，我可能会爬进被窝里再睡一会儿。但是我从床上爬起来去跑步只有一个原因，我不想在训练日记上记个零。这样一来，我慢慢走出了不愿行动的极端。"这种"尽管去做"的方法，并不是在轻视那些明知道跑步能够让自己精力充沛，却还是无法每天坚持跑步的跑步者。很多抑郁症患者也都是在跑步过程中逐步找到自己的节奏的。

罗布·克拉尔（Rob Krar）两次夺得西部耐力赛的冠军，这是一个全程 100 英里被认为是全美国最负盛名的超级马拉松比赛。即使是他，有时候也会发现自己穿好运动装，却无法踏出门、走向更美好的一天。"我也不能挥一挥魔杖就让自己摆脱困境，"这个住在亚利桑那州旗杆镇的人说道，"有时候我做得到，有时候却不行。"

伊恩·凯洛格（Ian Kellogg）是另一位"飞毛腿"，他的奋斗目标不局限于在抑郁严重的时候激活自己。"抑郁严重的时候，我不会跑步，即使我知道只要半小时到一小时我就能感觉更好，"这位奥特伯恩大学（Otterbein university）的越野王牌选手说，"我无法找到出门的精力和意愿。"

凯洛格的爸爸约翰也是一位跑步者。他是将伊恩从不想运动的恶性循环中拯救出来的人。"我爸爸会说：'跟我慢跑几英里吧。'"伊恩说，"他知道我脑子里发生了什么。我最棒的记忆就是和父亲一起跑步。有时候我们边跑边聊天，有时候什么也不说。他这样陪我几次，就能帮助我走出惊恐，至少再次激发了我跑步的动力。接下来，我就可以回归正常了。"

古老的智慧建议那些缺乏一致性的人和别人一起跑步。理论上，如果知道有人在等着你，那么放弃跑步的概率会更小。弗雷登多尔很赞同凯洛格先生将这个建议运用到自己儿子的抑郁上。

"要是你抑郁，相比于自发地出现，你更有可能为了他人而出现。"她说。骗骗自己，说这种方式代表着激活，从抑郁症状中解脱出来。这样做还能带来自我效能感[①]，而自我效能感是跑步帮助抑郁患者的又一种关键方式。

跑出自我效能感：有具体的努力就有可见的收获

跑步对大脑和身体的长期与短期影响都是深远的，但大脑中化学物质的水平只是心理状态的一部分。此外还有认知-心理过程。认知不仅包括直接的想法（"我今天应该跑远一点，因为明天有暴风雪"），更多地涉及现象，比如你如何看待自己的想法。

抑郁的典型特征是自我贬低和绝对化思维："什么事都比想象的要难""生活没有一点乐趣""我做什么都无所谓""事情总是会像这

① 自我效能感，指人对自己是否能够成功地进行某一成就行为的主观判断。

样下去"等。而跑步给了我们合理的机会去论证这种思维是错的，从而让我们感觉更好并获得自信。

"对于抑郁的人来说，跑步带来的一个巨大心理益处是自尊的激增，"瓦齐说道，"具有设定目标的能力，然后达到目标，收获自信。"来自新泽西的阿米莉娅·加平也说："我要是在工作之前畅快地跑 10 英里，那么这天剩下的时间都会精神抖擞。"

弗雷登多尔赞成跑步的心理益处是关键："看到自己完成了一件事所产生的主观体验，能让你感觉更好。成功地完成困难的事情，并参与到一个正在运行的项目中，会给人一种自我效能感——这是对自己能力的预期和信任，相信自己可以做到或完成一项特殊的任务或目标。对于很多人来说，这也有助于情绪管理。"

久而久之，跑步在自我效能感方面的作用，成为跑步对我生活的主要帮助。我明白系上鞋带、走到路上就是让我从"有何意义"的问题中解脱出来的最好方法。跑步每天都在提醒我，我能够克服冷漠和懒散。看到小小的胜利，我能说服自己实现目标并取得进步是可能的，或者不必如此频繁地感到孤独，或者思考如何支付退休金，或者改善自己的姿势。

艾科卡基斯也大大肯定了自我效能感的益处。这也是他希望运动能够至少和抗抑郁药物一样常被用作处方的原因之一。

"要是你服用抗抑郁药物并且感觉更好，心理学上的归因是外部的，"艾科卡基斯说，"病人相信自己好转是因为吃了药。人们相信，

'如果不是依靠外部的事物陪我聊以度日，那我就是个废物。'"

"而做运动，"他说，"其归因是在内部：'我变得更好的原因，是督促自己做了尝试。这并非有其他人给了我药丸，而是因为我付出了努力。'这也正是运动相比于抗抑郁药物谎言的另一个额外益处——那是一种充满力量的感觉，一种我能够掌控自己的感觉。"

"掌控自己"是对跑步帮助我管理抑郁的贴切描述。其效果起码与跑步对焦虑人群的帮助不相上下，这也是下一章的主题。

RUNNING IS
MY THERAPY

当我们做对事情却没有人发现时，我们就
会开始对自己以及其他人产生怀疑。我们
会逐渐设立一些防御机制来保护自己。大
脑会逐渐产生一种消极的思维方式，开始
对所有发生在自己身上的事进行过滤。

《知道做到》

以"善于把看似复杂的问题简单化"
而著名的商业管理思想家

肯·布兰佳

第3章

跑步是打败焦虑的"魔法"

在一次春日早晨的长跑中，一位朋友说她很担心女儿即将开始的巴黎之旅。几个月前，那里发生了一次恐怖分子袭击事件，而我朋友担心它再次上演。我不客气地抛出一个问题："你女儿每次坐汽车的时候，你有那么担心吗？她因此而死亡的概率要高得多。"

就这样，死于恐怖袭击的可能性的话题被顺利切换为朋友对死亡恐惧的探讨。而我则继续处于魔鬼代言人的角色。"你到底在怕什么？"我问道。如果最糟糕的事情莫过于死亡，那么在你死去的那一刻，最糟的事情已然发生，也就没什么可怕的了。即使很痛苦，但很快就结束了，接下来你再也不用和那种痛苦的结果、记忆一同苟活。

我朋友说困扰她的是对未知的恐惧——不知道它发生时是什么样子，也不知道随后会发生什么。"我也很担心这些已知的将来之事，但是我们可以提前为这些事情做更好的准备。"我说，"我很擅长所谓的防御性悲观。可是如果一味地担心那些未知之事，你就无法了

48

解更多其他的信息，也不能采取行动去改变它，所以这种担心是毫无意义的。"

这并不是我作为一名拥有共情能力的跑步搭档的最佳表现。由于人们的焦虑思维通常缺乏逻辑，我早该明白，无论朋友对死亡的焦虑是否经得起理性分析，都无关紧要。可以确定的是，我的朋友跑步的主要目的是管理焦虑。

通过上面的内容，我们了解到跑步不仅可以帮助抑郁人群，对焦虑人群同样适用。但焦虑也会显现其特有的挑战性。在本章中，我们将看到跑步有效处理这些挑战的诸多方式。

焦虑：抑郁的孪生兄弟

正如偶尔感觉悲伤与抑郁的区别一样，这有助于区分担心和焦虑性障碍（anxiety disorder）。焦虑性障碍背后的担心往往是朦胧的，与诸如针对工作的担心截然不同。"我将焦虑看作不安、不适，是一种对世界的不满，是一种可能成为威胁或担忧的压力，是一种不适的感觉，常常让人通过别样的手段，有时甚至是不健康的手段来寻求解脱。"临床精神病医师布赖恩·瓦齐说。而这些想法和感觉又常常伴随着生理症状，比如心跳加速、多汗等，它们与身体的"战斗或逃跑"机制（fight-or-flight mechanism）有关。

诊断的要素之一是持久性，以及对后续日常功能的干扰。"如果一个人说：'我有这些症状，但它们并没有真正困扰到我，我的症状并没有令我在日常生活中分心，我没有花费大量的时间去解决它。'那我就不会对这个人下焦虑性障碍的诊断。"瓦齐说。

从临床上来讲，焦虑有着不同种类，包括广泛焦虑性障碍、社交焦虑性障碍以及惊恐障碍。据估计，大约29%的美国人都会在人生某个节点患上焦虑性障碍。[1]

临床社工弗兰克·布鲁克斯（Frank Brooks）表示，鉴于焦虑的慢性特质，在给定的一年内大约有20%的人口会患上焦虑性障碍。由于它常常伴随着抑郁，这更增添了焦虑的代价。"我发现焦虑和抑郁通常是共生的，而非两两分开的单独体。抑郁往往是长期未治愈的焦虑造成的。"瓦齐表示。据估计，焦虑和抑郁的共存概率达到50% ~ 80%。

正如我在跑步时无厘头地讨论朋友对死亡的恐惧，我是一个很幸运的抑郁患者，因为我的抑郁没有伴随焦虑。为了获得更好的理解，我询问了几位用跑步来管理焦虑的人，让他们描述自己的症状。

塞西莉亚·比德维尔（Cecilia Bidwell）是一位来自佛罗里达州坦帕市的律师，在25岁进入法学院前没有体验过焦虑。"那段日子里，我开始被恐惧感和严重的担忧牢牢抓住，"她说，"它总是和某种特殊的东西有关——比如，当我得知那个现在已成为我丈夫的家伙被派往伊拉克后，我早上一睁眼就觉得他会死掉。要么就是我一觉醒来，就觉得自己永远不可能通过考试、被允许进入酒吧，也永远无法获得法律工作从业资格。"

当她开始执业后，类似的事情变得更加频繁了，与特殊事件的联系也更少了。有次比德维尔参加会议后开车回家，需要通过 I-95 号公路进入一家全食超市（Whole Foods Market）的停车场。"我根本无法呼吸，心脏狂跳。我感觉自己的胸腔被压得粉碎。我想自己会因为跑全程马拉松而罹患心肌病变。"在她学会通过跑步及其他自我照顾来管理焦虑之前，她一直努力维持着一位审讯律师应有的沉着和自信气场。"我认为我呈现出来的完全是一团糟。"她说道，"我曾在年终评估中得到不太好的评价：'你充满了焦虑'，而我当时则想，'你懂个屁。'"

希瑟·约翰逊（Heather Johnson）的焦虑始于 13 岁。他住在缅因州的南波特兰。当时，约翰逊乘坐的飞机因为暴风雪延误了几个小时，而这触发了她的第一次惊恐发作。"我当时好害怕，但我无法理解自己的身体里发生了什么。"她说道，"我站了起来，还扇自己的耳光，因为电影里的人就是这样让自己回归现实的。"约翰逊走下飞机后，说什么也不回去了。"我还遇到过几次类似的情况，后来我开始害怕碰到这种情形时的恐惧感。"

约翰逊是我的跑步搭档，年轻时有很多生理症状，包括心跳过速、手心出汗、震颤、膝盖无力及头昏眼花。"腹泻对我来说是个大问题。"她说，"我曾极度恐惧上公共卫生间，这意味着一旦这个症状在任何时刻出现，我就会非常惊慌，直到回到家里。"

45岁左右时，约翰逊的生理临床表现少了很多。"现在，我经历了思维奔逸、反刍、贪得无厌地想知道所有危险的东西，以及如何避免它、治疗它，或者如果我或我认识的人得了这种病会发生什么。"她说道，"我仍有一些特殊恐惧症，但我学着管理它们，以免因它们而无法出门。"

伊恩·凯洛格是奥特本大学的学生运动员，也是从童年时期就开始和焦虑作斗争。"有一种常常出现的情况表明，我是个过度思考者。"他说，"我对事情真的很敏感，无论生理上还是情感上。我很小的时候就只穿一些特定的衣服，只因为它们非常合身。五年级前夕的晚上，我崩溃地告诉父母，我不想再去上学了，即使根本找不到原因。"

我还有一位跑步搭档，名叫梅雷迪思·安德森，我在前言中提到过。安德森的焦虑体验主要是对即将到来的日子的恐惧，有时发生在头一天晚上，有时发生在当天早晨。

"这种害怕既关乎特定的事情，也关乎'明天'这个概念。"她说，"我脑中充斥着这样的想法：'你会失败的''不会好起来的''你还不够好'。紧接着，这些和自尊有关的消极想法就很难停止了。"安德森通过超乎想象的暴食，以及迟迟不愿上床睡觉来应对恐惧："我之所以熬夜，就因为那样的话第二天就不会那么快到来。"

当第二天到来时，安德森最好的处理方式是用跑步来开启这一天。我们也可以找到有力的证据来支撑她的这个选择。

虽然焦虑相比抑郁要更普遍，但关于运动能否作为焦虑的有效治疗方法，这方面的研究还非常少。部分原因与研究本身及焦虑的性质有关。同行评议的研究试图拥有严格定义的参数。抑郁的症状通常被看作单一谱系，但焦虑更具异质性，更难符合标准的研究模型。

已有的研究显示，有氧运动（比如跑步）就具有专家们所说的抗焦虑效应，这意味着它减少了焦虑的症状。据发现，锻炼时间超过 30 分钟通常能提供更多益处。更重要的是，就像大多数与跑步有关的事情一样，坚持是重中之重。

在一项针对超过 8 000 名美国人及 19 000 名丹麦人进行的研究中，研究结果表明，规律的运动能够降低被诊断为焦虑的风险。[2] 这些发现提供了一种可能性，即焦虑的人进行规律锻炼的可能性或许更小。

如果我们转而研究那些收到焦虑诊断且开始运动的病人，其结果也同样是提倡锻炼。大约 30 年前的一篇研究综述就这个主题称：

"研究结果证实运动与焦虑的减轻有关，但仅限于有氧运动形式。"[3]

随着越来越多的研究进行，有规律的有氧运动一直被证明比安慰剂或不治疗更能减轻焦虑症状。即使患有心脏病或癌症等慢性病的人开始运动，情况也是如此。

一篇发表于 2010 年的关于这类病人的研究综述发现，规律运动的人群报告称，他们的焦虑症状减轻了 20%。[4] 而一篇 2017 年的研究综述总结道："将运动对于幸福和心血管健康的更广泛益处整合起来，这些研究发现强调，运动对于有焦虑 / 压力障碍的人来说，是一种重要的治疗方案。"[5]

相比于运动和抑郁的研究，运动与焦虑的研究很少，因此相较于其他普遍的治疗形式，运动的有效性数据也并不多。一篇 2015 年的研究综述表示："大量的研究结果表明，运动作为过度焦虑和焦虑性障碍的一种治疗方式，相比于现有的治疗方式，比如药物（或认知行为疗法）提供了更多益处，也好于安慰剂或候补名单控制（研究中有人被告知自己进入候补名单，等待着接受研究的积极治疗方案）。"[6] 这篇综述的结论是，关于这一主题的研究太少，无法得出运动与另一种治疗形式结合是否比单独治疗更有效的结论。

这些研究综述中有一个重要的信息，即跑步这一类的运动对状态焦虑（state anxiety）和特质焦虑（trait anxiety）都有帮助。状态焦虑是一种焦虑症状的暂时表现，是对特定情景的反应。比如，你进入喧闹拥挤的房间就会觉得被困住，并产生心理和生理的反应。

当特定情景消失——比如当你离开那个房间，症状也随之消失。

特质焦虑是人格中更为持久的一方面，是一种规律地体验到焦虑症状的倾向。相比于大多数人，你体验到这类症状的程度可能会更高，或者对这类症状的体验更加频繁，也有可能两者兼有。对运动和特质焦虑的研究显示，只有规律运动才能产生显著的效果。一篇 1991 年的综述发现，特质焦虑的症状在 10 周甚至更久的规律运动之后，才能得到显著改善。

那么跑步和其他形式的规律运动，是如何产生这种深远影响的呢？就像跑步和抑郁一样，人们认为有几个关键的方法可以让运动变得更加有效。

跑步后的延迟镇静，有效保持情绪稳定

要记住，焦虑和抑郁常常是共存的。焦虑人群往往会收到两种现代抗抑郁药物的处方：选择性血清素再摄取抑制剂（SSRI）和血清素–去甲肾上腺素再摄取抑制剂（SNRI）。两种病症共存，而且假定它们潜在的作用机制相似，同样表明由跑步引起的大脑改变——BDNF 水平的提升和海马体的生长，适用于抑郁人群，同样适用于焦虑人群。

从这个角度来说，跑步对焦虑人群的帮助，不仅仅是因为任何一种锻炼都能改善他们的情绪。规律的跑步有助于创造新的大脑细胞，

促进大脑内部更好地交流，这是一种有助于减轻焦虑的结构性变化。大多数人只有经过数周的规律运动以后，才能发现自己焦虑症状的显著变化，这与该想法完美契合。

而一项动物实验则提倡另一种可能有助于减轻焦虑的结构性变化。[7]普林斯顿大学的研究者将一组小鼠不加限制地放在跑步轮上，另一组保持静止。小鼠在这种情况下，往往会自愿跑步。6周以后，所有的小鼠都被短时间放到冷水里。研究者观察了小鼠在这项活动中因压力而产生的腹侧海马（大脑中限制焦虑的区域）的变化。

在静止的小鼠中，海马神经元中与压力相关的反应，几乎在一瞬间就开始了。而跑步的小鼠没有出现这种反应。即使跑步的小鼠通过运动产生了新的神经元，这些神经元通常比原有的神经元更容易兴奋。可是相反，跑步小鼠的大脑表现出抑制应激反应的活动增加，包括释放大量神经递质伽马氨基丁酸（gamma-aminobutyric acid）。

这种神经递质更流行的叫法是GABA，GABA是大脑的刹车，GABA可以作用于大脑，主要是因为大脑中有GABA的受体。有些蛋白质在大脑中称为GABA受体，当GABA与它结合，会产生镇静作用。GABA在降低大脑细胞兴奋度上扮演着重要角色，因此能够产生镇定效用。

这一切都显示，跑步给了这些小鼠更好的压力管理能力。在诸如此类的发现中，爱荷华州立大学的教授潘特雷蒙·艾科卡基斯主张"运动的焦虑减退效应并非只是认知上的"。毕竟，跑步的小鼠在面临冷水压力时，可能并不会通过告诉自己"你可以处理这个问题，没有什么事情比上周在轮子上长跑更糟了"来让自己好受一些。

这并不是在贬低跑步对我们人类的认知作用。那些对抑郁人群产生帮助的心理益处，起码能够同样地作用在焦虑人群身上。希瑟·约翰逊的例子与南卫理公会大学（Southern Methodist University）的研究结果完美契合。[8]

该研究测试了经常运动是否有助于提高所谓的焦虑敏感性（anxiety sensitivity）。焦虑敏感性将心率和呼吸加快等与焦虑相关的感觉解释为灾难即将来临的迹象。而研究的参与者取得了和约翰逊同样的成功，他们表示："跑步帮助我减少了陷入糟糕情景的概率，这种情景与惊恐发作有着同样的症状。跑步给了我充分的机会，运用必要的技能来缓解消极的自言自语，直面对于身体症状的恐惧（心跳加速、感觉疲惫等）并享受当下。"

约翰逊也是一个通过跑步来提升自我效能感的例子。从前，她对人群的恐惧到了丧失行为能力的程度。现在，她定期参加大型公路比赛，在拥挤的人潮中向荣耀冲刺。她还管理过一家大型通信公司的市场部门，也曾在地方学校的董事会中供职。"每一次我向外推进自己舒适区的边界——无论是跑一条新的路线、忍住不要过早折返以避免离家太远，还是跑完一场比赛并克服运动疲劳，都是一种成就。"她说道。

对于抑郁人群来说，跑步的益处像是一个关于激活的悖论——

起床运动是为了让你更有活力而非更疲惫。而对焦虑者来说，跑步同样有着潜在的反直觉好处：运动促进了你的心率、血压和汗液分泌，它们又是焦虑的常见生理症状，可这些症状却因为运动而镇静了。安德森谈到效果很好的工作前跑步："无论这一天发生了什么，我都会产生一种自己能够掌控一切的感觉。"

艾科卡基斯表示，他还不清楚关于运动镇静作用背后的大脑机制的具体研究，"但是我们知道，运动会模拟一些镇静剂的外围效应，包括与紧张、焦虑相关的（肌肉活动）的减退。"他写道，跑步后，血压会降低。而心率和收缩压在应对典型的情感压力时，不会像没有运动时那样升高。

J.卡森·史密斯，我们在第 1 章提到过，是马里兰大学的大脑研究者，进行了一些关于运动镇静作用的有趣研究。在一项研究中，他发现相比于休息的时候，人们在进行中等强度运动时更容易被笑脸所吸引。[9]史密斯通过我们熟知的点探测实验来测量这种变化。该研究的受试者们盯着电脑屏幕中间的一个十字，这是用来集中他们的注意力的。成对的脸——一张表情自然，另一张开心或者不开心——从屏幕中间的两端进入，并停留 1 秒钟，然后其中一张脸之前所在的位置出现一个点，受试者需要尽可能快而准确地定位到点出现的地方。

点探测实验是对注意力偏差的标准测试，即以放弃其他事物为代价来关注某些事物。史密斯发现，当受试者在进行中等强度的运动时，他们明显对开心的脸投入更多注意，也更可能准确地定位到屏幕上出现过的笑脸。同时，他们对不开心的脸的注意力偏差减退了，即常常会忽视不开心的脸。而受试者在休息或做高强度运动时，并不会产生这种倾向笑脸、远离不开心的脸的注意力偏差。

在另一项研究中，史密斯测量了两种场景下人们的焦虑水平，一是静坐半小时前后，二是在中等强度下运动半小时前后。[10] 受试者在静坐和运动之后，焦虑感都会减轻。但接下来就出现了转折。15 分钟后，经历了两种场景的受试者要盯着电脑屏幕上的 90 张图片。其中 30 张中性的（人物、地点和客观事物）；30 张被认为是开心的（15 张关于宝宝、家庭和可爱的动物，15 张情色题材）；另外 30 张则是不开心的（描绘了威胁和残害）。

静坐了半小时的人看到这些图片，他们的焦虑水平回到了实验开始时。但运动后的人，其焦虑水平仍保持低位。刚刚完成的运动似乎给了他们一个堡垒，以此来防御情绪的波动。

比德维尔发现，跑步后的延迟镇静能作用于她焦虑的工作日。“这是一种重置”，她谈到晨跑。“如果我在早晨好好跑步，那么到下午两点，事情乱了套时我还能保持良好状态。我能更好地处理它们，不会那么焦虑，也不会陷入‘我为什么在这里？’的危机。如果我感到焦虑或者为某件事情担忧时，我会去跑步，它能修复我的焦虑。而它作为日常事务的预防措施则更为有用。”

跑着跑着就想通了，不再内耗

当人们谈到通过跑步来清理大脑，他们的意思可能是摆脱那些前几小时里把自己搞得一团糟的想法。其产生的原因可能是分心（"天哪，这些花多好看啊！"）或专注（"此刻世界上最重要的事情，就是将第 5 个 800 米跑得和前 4 个一样快"）。

梅雷迪思·安德森说："通常来说，当我独自跑步回来时，那些萦绕脑海的想法都已不复存在，而且我不费吹灰之力就能够做到。我并没有进行大量的认知行为疗法并挑战那些消极的想法，是跑步让事情变得不同。"希瑟·约翰逊说，只有跑步"能产生一种忘我效果，就像你开了 10 分钟的车，却忘记了自己在开车一样"。

但是，清理大脑与其说是将之前的想法擦去，不如说是将它们弄清楚了。这种魔法在我和焦虑人群聊天时，一直被他们看作跑步的主要吸引力。塞西莉亚·比德维尔是这样说的："在我跑步的时候，思绪进进出出，但我一点都不担心。我能客观地思考事情。我意识到那些让我诚惶诚恐的事情，渐渐地已不再是什么不得了的事了。"

约翰逊说："跑步是平复我脑海中思想风暴的最好方法。在大脑嗡嗡作响的时候，我可能会开始一场跑步，从一种思维、问题和对话跳脱到另一种，不过最终它们都会消失。这就是我解决内在冲突并找出问题的方法。"

临床心理学家劳拉·弗雷登多尔也赞同跑步是逃离反复思考的

妙法："当我们困扰于焦虑和抑郁的时候，从一个宏大的画面（充满挫折和对最坏情况的考虑）切换到一个小巧而立足于当下的任务，去做点什么来更加靠近你的目标（比如跑 4 英里，途中有两个上坡），能够在整个跑步过程中开启一个良性循环，让我们的思维和情感都跳脱出消极的沟壑。"

艾科卡基斯坚信，跑步带来的思维转换的好处很可能是两个因素的结合。"一方面，是促进快乐的感觉并帮助你积极看待事物的神经递质，"他说，比如内源性大麻素，它的化学结构和大麻中的有效成分类似（我们会在下一章深入探讨）。"另一方面则是因中等强度运动而发生的（循环系统）改善。"

特别要提到的是，其关键或许在于更多的含氧血液流向了大脑的前额皮质。而前额皮质有助于理性思考。在逻辑上，更多的活动应该会使棘手的问题变得清晰，这也是比德维尔和其他人通常在跑步中经历的。

专业跑者如何应对赛前焦虑？

在这个话题上，和我聊过的大多数人都说跑步是对焦虑的缓解。例如比德维尔说："很多平时没有我焦虑的朋友，在比赛的时候却远比我焦虑。如果一次锻炼不那么顺利，或者我不得不缩短跑步时间的时候，我常常会想'那就这样吧'。"但并非所有人都能如此淡定。

"对我来说，大赛前的焦虑管理非常艰难，"伊恩·凯洛格说，"我能否以一种积极的、有指向性的态度参加比赛？我能否让它持续两周多？有时候要控制一切的想法会持续存在于脑海中。我在学校难以集中精力，晚上难以入眠。之所以发生诸如此类的事情，是因为我对于即将到来的赛事产生了持续的焦虑和等待。"

安德森说："焦虑是我在高中和大学时跑步成绩不是特别好的主要原因。我知道大多数人都有赛前焦虑。但伴随着焦虑的还有消极想法，比如'这不会进展顺利的'。"在比赛前几天，她的害怕与日俱增，并于站在起跑线上的一刻达到顶峰。到了比赛的时候，她说道："我疲劳的时候就会产生消极想法。这时候事情就真的变得很消极，而消极的想法就更难逆转了。"

凯洛格表示，没有管理焦虑让他错失了打破校级记录的机会。在一次室内比赛中，他抱着极大的热情。那次比赛本来能稳超奥特伯恩 4 分 14.5 秒的纪录。大部队在 65 秒内完成了第一个 400 米，比凯洛格的目标速度稍慢一些。"我当时没意识到临结束时人们会突然加速，我慌了，"他说，"我告诉自己，我不是一个擅长冲刺的跑步者。我在中间 800 米猛冲到前面，但在最后 400 米被甩开了。"那场比赛在凯洛格希望的时间内结束，但他跑了 4 分 20 秒，落后了将近 6 秒钟。

我很惊讶地听到了安德森赛前恐惧的故事。现在她年近 40，是我见过的最狂热的路跑者之一。不同点在于，她表示现在她只为了自己而跑步和比赛。"在学校里,我会给自己施加一些压力,因为我是团队的一员——我必须做好,不能搞砸了,要是搞砸了人们该怎么想我,而这便成了自证预言。"

凯洛格学会了更好地管理自己的跑步相关焦虑,方法是改变赛前的日常。"我以前都是戴上耳机,感觉超兴奋,但这也让我精神紧张,过多地想到比赛。"他说。现在,凯洛格试着通过跟队友开玩笑,让自己尽可能镇定下来。

凯洛格继续道:"我赛前还是非常紧张,但当我站在起跑线上,这世上就没别处可去了。赛前抱着这样的想法对我来说非常重要——它们提醒我,要准备出发了,要享受自己正在做的事情。"

"将比赛抛到一边,我学会了真正享受跑步这项运动。"凯洛格说道,"在运动上做到极其出色或者打破一项赛事纪录当然再好不过,但轻松地跑上 10 英里也很治愈。"

为什么凯洛格及其他人都发现轻松地跑 10 英里是那么治愈,简直就是平凡世界中急需的一段愉快的插曲?我们的下一个话题就是跑步对短期情绪状态或心境的影响。

RUNNING IS

MY THERAPY

RUNNING IS
MY THERAPY

换个角度来说，如果不每天跟自己的身体
对话、累积练习量，就没办法在长跑项目
拿到好成绩。每一种运动都需要天分，但
长跑运动需要的"努力"绝对大于"天分"，
而这也是它和其他运动最大的不同。

《强风吹拂》

直木赏得主
《编舟记》《多田便利屋》作者
三浦紫苑

第 4 章

摆脱坏心情，跑出好心境

2017 年 2 月 12 日，对我来说或许是这一年最不寻常的一天。

我跑了 70 分钟——这倒是没什么不寻常的。在冬天的缅因州，我跑步时的保障措施也是非常典型的：由于前一天和当天都在下雪，所以我给鞋子加了垫圈，我在周围的街区跑小圈，这样能踏出稍微好一些的跑道。即使我摔了几跤，也并没有使那场跑步与众不同。

让那天与众不同的，是我跑完回家时心情很差。"真是太糟了"，我的跑步日志如此开头。天气预报说接下来的几天雪会下得更大，因此我想做点和习惯性的跑步不一样的事情。更重要的是，几十年的经验告诉我，即使跑步非常艰难，我的心情也会因为在户外的时间足够长而得到改善。而这一天却没有。

在绕着渡口村（Ferry Village）乱跑时，我感觉每一个从我身边经过的司机都比上一个更有可能打滑翻车，而我选择的每一条浅道，经检验都比我最初感知到的还要糟糕，接下来的每一英里更像是例证，证明我让自己的生活变得毫无意义、漫无止境。

　　所幸，那样的跑步只是几年才出现一次的现象。据我所知，跑步是最简单且有效的方法，能让人的心情在短时间内从酸楚变得阳光。在困难的日子里，我不能保证走出家门会让我获得好心情，这更像一个赌注：赌我回到家时的心情会更好。

　　在前面的章节中，我们关注的是跑步能够带来的长期大脑改变。成为一名跑者，会带来强有力且令人向往的结果。但是在某些时候，特别是在艰难的日子里，你并不会在意海马体的尺寸，或者近来在神经可塑性方面的收获。你只想觉得好受一些。跑步如何影响心境，并快速而持续地转变你对自己当下存在的感知，这就是本章的内容。

为什么跑步时心情会越来越好？

　　心境就是你对自己感受的主观描述。在心理学中，这和情绪有区别。情绪可以被认为是你对于特定情形的快速反应，如生气和开心，而心境则是对你总体心理状态的更为广泛、持续时间更长的描述。

　　某些涉及情绪的事件也对心境有影响。来自朋友的感恩卡片或许能够让你立刻产生开心和惊喜这类情绪，同样可能在接下来的日子对你的心境产生积极影响，即使你不再特意去想这些卡片。即便周遭世界保持不变，你的心境也可能产生变化。

　　"如果你去跑步，你可能会更开心，感觉更平静，成为更棒的人，"弗兰克·布鲁克斯博士说，他是缅因州波特兰的一位临床社会工作者，

"那时你进入了更好的心境，因为那是你对当下行为的体验。"

布鲁克斯是个不跑步的人，然而他如此准确地描述了跑步后的心境改善，可见他将这种现象研究得有多透彻。其研究很显著地证明了人在锻炼之后会进入更好的心境。[1] 这也是心理学家在探讨的两种典型的良好心境："积极的高度激活状态"（比如警觉、兴奋、得意和愉悦）和"积极的低激活状态"（比如满意、平和、放松和冷静）。

跑步对于提升心境的作用是它的招牌之一，无论你的心理健康状况如何。对于罹患抑郁和焦虑的人来说，它更是一根强韧的救命稻草。"我想不起来有哪项研究是直接比较非抑郁人群和抑郁人群的运动后心境改善，"艾科卡基斯说，"我能告诉你的是，一段运动之后感觉变好的现象不仅产生于非抑郁人群中，同样产生于抑郁人群中，而出于统计上的原因，也许你会假设，如果你的起点较低，你可能会有更大的提升空间。"

也就是说，跑步一小时和令好心情更上一层楼是一回事。从痛苦到满足，是一种根本性的转变。我为了写这本书访谈了许多跑步者，几乎每一位都给出了与塞西莉亚·比德维尔类似的观点："我会去跑步，然后觉得'哇，这就是大多数人一直以来的感受。'"我大部分时间获得的这种转变，都是从对现实一贯的挑剔向"正功能"[1]转变。变得更加开阔、开明和充实，更少厌倦、藐视和失望。

关于运动后心境改善的研究也伴随着警告：你可能需要良好

---

① the Yes function，著名心理学家威廉·詹姆斯（William James）提出的概念。

的身体状态以保证切实的情绪提升。反观乔治梅森大学（George Mason University）2009 年的一项研究，该研究关注一组抑郁男女的心境变化。[2] 研究包括一组 25 分钟的跑步机运动，其中 15 分钟处于具有挑战性的速度。运动结束后，受试者们报告称自己的抑郁心境减轻了。但运动结束半小时后，他们报告称抑郁心境更加严重了，而且相较于运动之前，精力也没那么充沛了。

为什么研究发现和大多数抑郁的跑步者的体验大不相同呢？因为乔治梅森大学的受试者们都是习惯久坐的。

艾科卡基斯对运动心理学的贡献之一在于他提出不应只在运动刚结束时做调查，还应在他们运动时进行调查。通过观察，他知道了"大多数的人，特别是有超重和低心肺适能问题的中年人，在运动时的感觉更糟"，"一旦停止运动就会产生反弹效应——'谢天谢地总算结束了。'运动结束几分钟后，受试者或许会表现出比开始运动前更好的状态，但这只是运动期间的糟糕感觉过去后的反弹红利。"

这种情况在跑步者身上便不常发生。我们有健身需要，并以此来维持接下来的活动，处于所谓的"通气阈"（ventilatory threshold）之上，艾科卡基斯将其操作化地定义为"你第一次发现呼吸发生变化的时间点。你的呼吸不再浅而不规律——它变得更深、更规律、更不易察觉，同时也改变了你的说话模式"。

在跑步时，这种步调下你或许可以坚持一个小时。如果你对节奏跑很熟悉——在"舒适的"费力程度下跑 3 ~ 6 英里，那么你奔跑的强度大约在艾科卡基斯所说的水平之上。"花在这种强度上的时间会让你感觉更好。"艾科卡基斯说。不运动的人或许只需坐在沙发上或在房间里走路时就到达了自己的"通气阈",因此任何的持续运动都可能让他们处于被胁迫状态以及更糟糕的心境中,而且会贯穿训练的全过程。

跑步"上瘾":内啡肽和基因选择

你的跑步里程是如何改善你的情绪的?大多数人,甚至是不跑步的人,都倾向于给出同样的答案:"因为内啡肽(endorphin)。"20世纪70年代,人们认识到,这些能够与大脑中的神经元受体结合的化学物质,在跑步过程中会以更高的水平释放。

几项研究发现,较高水平的后脑内啡肽与情绪改善有关。在第一次跑步热潮达到巅峰时,内啡肽成了另一种新兴代名词,即"跑步者的高潮"(runner's high)。

值得一提的是,"跑步者的高潮"是一个不精确的概念。哪怕让5个人来定义它,都不太可能达成共识。

那是一种让你忘记时间的别样状态吗?是一种不费吹灰之力的感觉?一种流动的状态?一种快感?在你努力运动时,你的心情比看上去更好吗?研究的本质,便是科学家们商定定义并测量参数。一个研究小组建议,将"跑步者的高潮"定义为疼痛、焦虑、平静或幸福感的变化。虽然这些标准是可以衡量的，但跑步并不是唯一可以改变它们的方法。

亚利桑那大学人类学教授、研究跑步者情绪的戴维·赖克伦（David Raichlen）博士说："一般来说，我们用'跑步者的高潮'来吸引人们的注意力，让他们知道我们在说什么，但这并不是一个有操作性的心理状态定义。"

在内啡肽首次受到追捧后，很多人将其等同于"跑步者的高潮"，并认为问题已经得到了解决。然而，回到实验室，人们开始怀疑内啡肽水平与情绪之间的相关性是否有意义。毕竟内啡肽是由脑垂体释放的，脑垂体位于大脑底部，却能将内容物扩散到大脑之外。艾科卡基斯说："如果内啡肽与你感觉的改变相关，那种内啡肽很可能是大脑中的，而不是外周循环中的。"

直到 2008 年，3 名德国研究人员在铁人三项运动员跑完两个小时后，对他们的大脑进行了 PET 扫描（一种经常用于检查癌症的成像研究方式），至此才证明大脑中的内啡肽水平与情绪改善之间的密切关系。[3] 他们发现，受试者的前额皮质和大脑其他与情绪相关的部位中，内啡肽含量很高，水平与他们的快感报告相一致。

到那时，内啡肽已不再被认为是大多数跑步者跑步后精神恢复的万能解释了。它甚至不再是唯一可能与大脑有关的化学物质。作为其研究的一部分，赖克伦测量了跑步者、狗和雪貂跑步前后的内源性大麻素水平。[4]

内源性大麻素是会与大脑中的四氢大麻酚（tetra hydrocannabinol，THC）结合的物质，而后者是导致大麻成瘾的主要物质。

赖克伦发现，人和狗跑步后体内的内源性大麻素水平都会升高，雪貂却没有。这个结果支持了跑步在人类发展历程中的作用以及"为跑而生"这一论调，因为现代人和狗的祖先需要通过奔跑来获取食物，雪貂却不必。赖克伦发现，狗在跑步机上行走30分钟后，内源性大麻素水平会下降。你可以在住所附近遛狗，你的狗狗也会比较自如。如果你带它去跑步，它会更加开心。赖克伦说，有两个主要理论可以用于解释为什么跑步会导致内啡肽和内源性大麻素水平的提高。

"大约从180万至200万年前开始，我们的祖先过上了一种需要高水平体育活动的生活方式。因为运动而产生的生理变化，很可能是进化历史的产物。"赖克伦说，"内源性大麻素和阿片样物质是止痛药或镇痛剂。在运动过程中，这些神经递质很可能被激活，用来缓解疼痛，从而令你以更快的速度运动。这会让你比没有这些东西时运动得更久。另一个副产品就是，它们会让你感觉很不错。"

"另一种可能性是，这是一种可能被自然选择激发的行为。作为一个采集狩猎者，这种行为似乎并不总是最明智的——你需要消耗大量的能量，你所消耗的每个单位的卡路里，都必须在某一时刻得到补充。"赖克伦继续说道，"在这一时刻，很难确定哪种理论会为你提供最好的支持。要是你对这些神经递质系统有什么想法，在小鼠样本中就能够找到大量的证据。将它们锁起来后，平时进行大量滚轮运动的小鼠也会停止运动。这表明动机是所有系统中一个真正强有力的方面。但这并不能表明，我们的结论是坚实的。"

当我问到他的两种解释是否有可能同时出现时，赖克伦表示同意。"自然选择起作用的方式在于，能提高繁殖成功率的东西会被保留在基因库中。"因此，如果止痛药效果和神经生物学奖励机制的结合让你感觉良好，让你成为更强的觅食者，这个组合就可能被选中。

当然，要成为一名成功的觅食者，你需要健康——如果你不愿从石器时代的"沙发"上爬起来，那么你很难追上一只羚羊，或者出去找 3 个小时的食物。赖克伦认为，在长时间的跋涉过程中，大脑会释放出令你感觉良好的化学物质，这与之前的观察结果完全吻合，即跑步者和其他受过训练的耐力运动员能够通过锻炼获得特定的情绪改善。有人认为这些大脑化学物质也包括诸如血清素和BDNF 之类的神经递质，与运动带来的大脑功能改善有关。

情绪不仅仅是你当前大脑化学物质的简单反映。你跑步的时候，体温会升高。身体核心温度的轻微升高可以减少肌肉紧张，这可能会让你感觉更放松与平静，就像从桑拿浴室出来时一样。跑步之后，升高的体温能保持一小时或更久，这就能够产生"余味"效应。

"我们有关注大脑的倾向，这一点很重要。"马里兰大学的 J. 卡森·史密斯博士说，"但在锻炼之后，神经系统变得更加平静，你的肌肉更加放松，能够将信息输入你的大脑，你会认为这是一种良好的感觉，一种平静的状态。"

千万不要忘记短时间内的自我效能感。在第 2 章中，我们看到了如何有规律地成功达成跑步目标，无论强度多么低，都能激发你认知上的突破，以应对生活中的挑战。在日常生活中，对自己赢得与惰性之间的战斗感到满意，做你所知道的、对自己有益的事情，就能够改善你的情绪。

跑多长时间？

哪种类型的跑步能够最大程度改善情绪呢？跑多远？跑多快？什么时候跑？在哪儿跑？

在我们对上述问题的相关研究和最佳实践进行了解之前，答案中最重要的部分便是"跑步发生了"。情况无一例外，任何一次跑步都好过不跑步。很少有人会在上床睡觉时想"我今天要是没跑步就好了"。而与此相反的情景，我们大多数人都十分熟悉，特别是在精神压力较大的日子里。

作为一名临床精神病医生，布赖恩·瓦齐表示，他长期以来一直在用跑步控制抑郁和焦虑。"我曾经认为，如果不跑个 10 英里，就没什么用。"他说。"从前我一想到要跑那么远就觉得压力很大，觉得需要休息一天。可是这样做对我没什么帮助。"

马拉松巨星罗布·克拉尔（Rob Krar）也学会了在心理健康状况较为严峻的日子里，去克服自己的这种倾向。"过去，如果我不能走出门去做我真正想做的事，我就会对自己很苛刻，会认为自己是个失败者。"克拉尔说，"现在我更愿意承认，好吧，我不能跑 15 英里或进行田径训练了，我可能达不到本周的里程目标。但我仍然要出门跑 4 英里，即使这和原本希望达到的目标相比根本算不上什么。"

当克拉尔提到要跑 4 英里时，我咯咯地笑了。正如我说过的，我过去常常被离家时要跑 5 英里却只跑了一半的想法吞噬。这些内在的想象有时会导致我一整天不跑步，这固然只会让事情变得更糟——我不仅没从跑步中得到情绪的提升，而且会觉得一天比一天挫败，因为我必须在日志中写上 "0 英里，没有跑步"的字眼。我学会告诉自己，相比不跑，跑 4 英里和跑 10 英里的共同点更多。

大多数研究发现，跑步 30 分钟后，心情会有很大的改善。对我来说，这个时长意味着至少要跑 4 英里。当我实在感到挣扎的时候，会从一条灵活的路线开始。在这条路线上，我能够根据自己最舒服的感觉选择延长或缩短跑步时长。

在我开始跑步后至少 15 分钟内，都不会在跑步时长上做出任何真正的决定。如果事实证明，当天我在户外待的时间不能太长，我会试着让自己明白，我并没有被打败，因为做点什么总好过什么都没做，况且明天可能会更好。

你可能已经体会到了，长时间跑步对提升情绪特别有效。请记住，将脑内啡肽水平的提高与高度兴奋联系在一起的研究只需要两小时的跑步时间。对于接受过高水平训练的运动员来说，这是个合适的时长。但是，就像跑步中的大多数事情一样，到底什么是长跑，这个概念其实是相对的。对你来说，长跑可能是40分钟或70分钟，或任何言之有理的时长，无论如何都要明显长于你在大多数情况下跑的里程。不管跑多长时间，跑完后你都会感觉更好。在可能的情况下，我会尽量做一些安排，以便在一段长时间跑步后的一两个小时里，都让自己可以享受到那种在大多数人看来或许是常态的感觉。

跑多快？

赖克伦在对内源性大麻素的研究中，让跑步者以4种努力程度分别锻炼30分钟。[5] 他发现，在以最大心率的70%（相当于慢跑速度）和最大心率的80%（以稳定的交谈速度跑步）跑步后，内源性大麻类激素水平的增幅最大。

赖克伦研究中的跑步者以最大心率的50%（步行）或最大心率的90%（对许多跑步者来说，这是接近5千米比赛的速度）跑半小时后，内源性大麻类激素水平则下降了。这是一个令人高兴的巧合。也就是说，标准、舒适的速度似乎是最有效的。只要走出去，进行一次比较典型的日常跑步，你回来时就会拥有更好的心情。

正如赖克伦所说："我最大的情绪提升是在节拍跑或间歇跑之后。"记住，情绪比任何一种大脑化学物质的水平都更重要。强迫自己完成一项艰苦的锻炼，能够产生一种设定和完成目标所需要的感觉。当你感到压力很大的时候，你可以把这种思维方式应用到你生活中的其他领域。我告诉自己："不管今天发生了什么，我可是跑了6个800米的！"以此来获得安慰。

芬兰的一项研究观察了不同强度锻炼后的阿片样物质水平，这再次提醒人们，相比于其他因素，大脑中的化学物质并不一定对情绪有更重要的贡献。

研究人员分别测量了人们以中等强度跑圈60分钟后，以及进行周期间隔锻炼（热身后，进行5次30秒全力冲刺，其间休息4分钟或放松绕圈）后的情绪和阿片样物质水平。[6]间歇锻炼后的阿片样物质水平要高于中等强度跑圈后的水平。但受试者报告说，适度锻炼后心情要更好。与赖克伦研究中的受试者相比，这些人在更艰难的锻炼后，阿片样物质水平更高，进一步表明了"阿片样物质"和"情绪"并不是同义词。

我们还可以看看威斯康星大学的一项研究，该研究测量了人们在最大运动强度的70% ~ 75%水平下运动（类似于赖克伦研究中最有效的那种程度）后，以及在自选强度下运动后的内源性大麻类激素水平以及情绪变化[7]。当受试者按照他们自选的强度运动时，抑郁症状的改善比他们按照规定的中等强度运动时要好得多。

所以重点是什么呢？当你十分挣扎地要开始或者继续跑步的时候，允许自己慢慢来。不过假如你恰恰相反，感觉非常好，那就去吧！

什么时候跑？

对任何一个跑步者来说，不管其心理健康状况如何，最好的跑步时间都是跑步最有可能发生的时候。

你的"非跑步作息时间表"几乎总是最后的决定因素。这个时间表可能不仅会影响你一天中跑步的时间，还会影响你一周有多少天能够跑步。

正如我在引言中提到的，只要你跑步，那你就是一名跑步者，并没有一个每周固定的跑步次数会阻止你进入我们跑步者的行列。可又正如我在引言中所言，对大多数人来说，每周平均至少跑两次是一个不错的最低目标。这个频率能让你建立起基本的有氧健身状态，艾科卡基斯等人都指出，这是很必要的，以这个标准跑步能感受到跑步的诸多良好效果。

随着工作与家庭责任的加重，很多人都发现晨跑能够减少许多日间的阻碍，同时减轻这一天的负担。尤其是和别人一起跑步，这通常能为你带来额外的情绪提升，还能让你在日间不易打瞌睡。

对于我们这些将跑步看作解决日常心理健康问题的良药的人来说，早晨是非常有效的时间。

"在当律师的头几年里，我都是在晚上跑步。"塞西莉亚·比德维尔说，"我喜欢这样跑步——如果我回家的时候压力很大，我就会去跑步，之后我就会感觉好多了。但我已经意识到了早上跑步的效果更好，因为我每天、每周、每月的总体焦虑水平都变低了。这就像我在病情恶化之前先吃了药一样。"

克拉尔说，在特别严重的抑郁发作期间，晨跑比晚些时候的跑步更为有效。"如果我能在一天的早些时候做到这一点，我就会产生更棒的感觉，这将为接下来的一天定下基调。如果我能在当天余下的时间里保持这种势头，就会有更好的机会来打破这个恶性循环。"

我曾经常常在工作日的傍晚跑步。这种做法是我高中和大学坚持跑步的后遗症。我常会在下班前跑个几英里，但无论下班前有没有跑，我都会在下班后跑上一个小时或更长时间。直到 30 多岁时，这个跑步时间表在训练的质量和数量，以及对精神健康的益处等方面，对我来说还是有效的。

我现在 50 多岁了，经常在早上跑步，原因有二。在大多数工作日结束后，我都非常劳累，和 25 年前相比真是不可同日而语了。我不会像过去那样，在下午 5∶45 出发去跑上 10 英里了。假使我没有在早上跑步，我下班后更多是跑 4 ~ 6 英里，或者 30 ~ 50 分钟。这就是我每天出门锻炼的基本要求。

你可能也有一个类似的持续时间或长度标准，用于工作日的跑步。这样的跑步在一周内安排几天是很不错的，但我要是连续跑得过多，情绪就会受到影响。我当然需要一些里程更长的跑步，以获得更强力的实质性放松，所以我主要还是在早上跑步，以确保那些额外的有效跑步发生。

去哪里跑？

和一天中的时间安排一样，你跑步的地点在很大程度上可能是由现实生活中的条件决定的。不过当你能选择时，就尽量去你能找到的最自然的环境吧。

近年来，人们对在森林、城市公园、街道和室内等环境中运动的心理反应进行了大量的研究。"看起来绿色空间会产生更多有利影响。"赖克伦说。事实上，格拉斯哥大学（University of Glasgow）的研究发现，经常在森林中活动的人，与不经常在森林中活动的人相比，心理健康状况不良的风险仅为后者的一半左右。[8]

针对任意一次跑步，人们通常都会报告称，相比于居住区中的人为环境，在自然环境中，情绪改善更为显著，更加平和，压力、焦虑和抑郁反应也有改善。一项对该主题的研究综述发现，在有水景时，绿色空间的情绪提升作用甚至会更强。[9]

医学博士、神经学研究员杰弗里·伯恩斯，在堪萨斯的冬天常在跑步机上跑步。在谈到选择了网飞公司（Netflix）的电视剧而非大自然时，他说："我并不觉得自己在跑步机上能够得到和户外跑同样的益处，在户外跑会让心绪更加自由。"伯恩斯的经历和我很相似。在过去4年里，我只在车库里的跑步机上跑过一次，仅持续了10分钟。尽管像本章开头所描述的那样，我经常要面临严冬天气，但总的来说，户外跑对我的头脑更有帮助。

"自然"并不一定远离"文明"。2013 年的一项研究发现，当受试者们从一个典型的城市环境进入公共绿地时，他们的大脑进入了一种更接近冥想的状态。[10] 研究人员让受试者们在苏格兰爱丁堡进行了时长 25 分钟的步行，同时佩戴一种可穿戴设备以监测他们的脑电波。受试者们从一个商业区出发，那里有 19 世纪的建筑，而且路况通畅。他们从那里步行至一个公园。在公园散步后，他们又走进了一个商业区，那里交通繁忙，噪声很大。

在三种城市环境中，受试者们的大脑活动变化很大。在从商业区到公园的过程中，与沮丧、忙碌和长期警惕有关的大脑活动减少，而与冥想有关的大脑活动增加。而当受试者们离开公园，移步穿过繁忙而嘈杂的商业区时，情况发生了变化。在后一种环境里，受试者们产生了另一种大脑活动——"伴随直接注意的忙碌或警觉"，研究人员称其为"受支配"。

自然的有利因素还表现在：一项研究中，自行车骑行者在轻度污染的繁忙城市道路上骑行时，他们的 BDNF（即"大脑的奇迹"）水平并没有上升，而在无污染的环境中骑行时则相反。[11]

自然环境还可以培养精神上的新鲜感。我跑步的那条小径在新英格兰是很典型的，地面布满植物根茎和岩石。如果我想保持平衡，就必须专注于接下来的四步，这使得我几乎不可能再有空去审视生活中的所有不足之处。一年中的一半时间，小径会被树叶或雪覆盖，我便失去了从沉思中获得的、有保证的缓解时光。

来自亚利桑那州旗杆镇的超级马拉松运动员克拉尔常从一条小道的尽头开始慢跑。我们大多数人必须更加努力，让自己沐浴在大自然中。如果情况允许的话，还是尽最大努力吧——周末开车到森林里去，旅行时也预订公园附近的酒店。善待自己，不要自欺欺人。

跑步时可以听歌吗？

"你跑步的时候听歌吗？"不跑步的人常问这个问题。

我不听，不过这仅仅关乎个人喜好，并非出于某种对于跑步纯粹性的要求。音乐是我生活中主要的快乐源泉之一，就像跑步一样，但我常会发现，把这两个因素结合在一起会削弱我对两者的享受，而非锦上添花。

不过那只是我而已。像大多数跑步者一样，你应该试着找出适合自己的方法，不要担心这会对你的跑步者身份有影响。

大量研究表明，音乐或许有助于几种类型运动的表现。对于中低强度的有氧运动，音乐可以降低你的感知努力程度——在同样的速度下，听音乐时可能比不听音乐时感觉更轻松。

这一发现与跑步时听音乐是否能更大程度地提升你的情绪最为相关。首先，你越是享受跑步，那么跑步之后你可能会感觉越好。其次，如果听音乐会让跑步时的感觉更轻松，你便会在户外待得更久，这将使更多令你感觉良好的大脑化学物质产生。

跑步相比其他运动的优势

跑步对心理健康的管理有什么独特的效果吗？或者说，是否任何形式的锻炼都能产生类似的缓解效用？

言简意赅的回答就是，没人知道确切的答案，而且不太可能有权威的研究来比较各种锻炼方法的情绪提升特性。"这样的研究需要多重指标——乐观强度、忍耐力，或者不同运动方式的频次——如此一来这项研究就要花费 100 万 ~300 万美元，"艾科卡基斯表示，"制药公司能为自己的研究提供资金，但谁来为运动研究提供资金呢？政府可动用的资助额根本达不到这个水平。"

事实上，根据世界卫生组织的数据，虽然抑郁是全球残疾和健康状况不佳的主要原因，但平均而言，只有 3% 的政府卫生预算是用于心理健康问题的。[12]

比较研究的总量相对匮乏，人们主要是对不同人群在各种活动前后的情绪进行调查。也就是说，一组人可能游泳，另一组人可能进行力量训练，其他人可能是走路。在最初的一项此类研究中，研究人员持续整个学期，对 4 个不同班级的本科生进行了情绪调研：包括心理学导论班、"慢跑与条件反射"班、力量训练班，以及有氧舞蹈班[13]（没错，这项研究是在 20 世纪 80 年代完成的）。在这一整个学期中，跑步者和有氧舞蹈者的情绪通常比力量训练者要好一些，而这三个活动组的情绪状况都比久坐的心理学学生要好。

总而言之，有氧运动似乎要比力量训练更加有效。尽管人们报告称举铁后情绪有所改善，但其中很大一部分可能来自自我效能感（"让自己这样做是对自己有好处的"）。毕竟，力量训练并不能引发与艾科卡基斯口中"令人感觉更好的效应"相关的那种持续有氧运动。而事实上，2016年的一项研究综述表明，心血管健康水平低的人患抑郁症的风险更高。[14]

可以肯定地说，有目的的锻炼比偶尔的身体活动要更好些。一项2017年发表的研究记录了受试者在一周内锻炼并进行研究人员所谓的"非锻炼活动"（如爬楼梯）时的情绪。[15] 不出所料，他们的情绪在锻炼后有所改善。而日常无目的的活动不仅不能提升情绪，还降低了平静的感觉。

各式各样的研究非常有趣，但并没有揭示我们真正感兴趣的点：同样的人在进行不同形式的锻炼后，会如何描述自己的情绪？很明显，我们现在说的是能够进行自主选择的人群，但是我在本书中与之交谈的人们绝大多数都赞同跑步的独特效果。

"我接触过一点铁人三项，"长期患有抑郁的里奇·哈夫斯特说，"我练过瑜伽，骑过自行车。可没有什么比得上跑步。"塞西莉亚·比德维尔说，不跑步时，焦虑使她的基本状态只能达到10分制中的4分。"而跑步通常能让我达到8分，"她说，"当我跑步受伤或者游泳时，大约是6分。"

希瑟·约翰逊则指出了跑步超过其他运动的一个重要吸引力。

她说："跑步可以增加人与他人的联系。在游泳、骑自行车躲避汽车，或做立卧撑跳的时候，很难真正去了解一个人。我想，我在不能参加比赛时感到沮丧的部分原因可能是社会联系的缺失。"

在我问大卫·赖克伦关于跑步与其他活动的异同时，他首先引用了一些研究。"一篇早期的内源性大麻素相关文献提出，其镇痛作用的触发针对的是与跑步相关的机械性疼痛，这可能就是为什么游泳似乎没办法产生那么大影响的原因。"他说，"这可能是因为某些运动比其他运动更能激发镇痛作用。"也就是说，可能导致跑步伤害的撞击，也可能会带来更显著的情绪提升，因为它会促使你的身体释放更多天然止痛剂，而非改用较低的冲击力进行活动。

随后，一位身体力行的跑步者接过了赖克伦的话。

"与许多其他运动相比，在跑步时让自己达到一个合理的强度要容易得多，"他接着说道，"待在合理的范围内相对简单。相比骑自行车，你对跑步速度的控制力要强得多，在自行车上，你的努力程度更多地取决于地形，甚至是红灯。"此外，与游泳或滑雪等活动不同的是，跑步并不需要足够好的技术来维持恰如其分的努力水平。

马里兰大学的 J. 卡森·史密斯提出了一个有趣的理论："跑步的一个不同之处便是其反馈来自你的脚对地面的拍打。在小鼠身上的研究就表明，存在直接的神经通路对脚和地面的撞击作出反应。它们发送的信息最终会传递到大脑的交感神经系统，这种反馈能影响这些大脑区域储存、合成和释放血清素等神经递质的方式。"

参加过登山滑雪比赛、经常骑自行车的克拉尔也赞同跑步的首要地位："登山滑雪更像是一种无氧训练（而非跑步）。因此很难找到那种流动着的状态，并以一种舒适、冥想化的速度来继续前进。而山地自行车很吵，它是机械的，不够自由，也不够自然。跑步则是一种完美的平衡，你可以随心所欲地推动自己，更容易进入那种流动的状态，去解决问题，去与自然融为一体，去聆听你的呼吸和脚步声。"

2013 年上半年，在接受足部手术的前后，我进行了为期最长的其他活动测试。大多数时候，我会在地下室的器械上骑自行车，一周骑 10 到 12 个小时。我也会去户外骑行，但室内能让我对自己的努力程度实现更有力的控制，原因与赖克伦提到的一样。每一次踩下踏板，都是对安全网的一次编织，这样我的日常情绪就不会降得太低。

但相比于跑步过程中或跑步之后，我几乎感觉不到尖峰时刻。每天盯着地下室的墙壁看一两个小时，只是保持健康与健美必须要做的事情之一。最终我的跑步停了 5 个月；在那之前，自 1979 年开始跑步以来，我最长的停跑时间是两个星期。2013 年 9 月，我 9 个月来第一次跑够了 1 个小时，之后我哭了。我知道自己又一次获得了最可靠、最方便、最直接的解脱。

第 二 部 分

跑步

作为方法

RUNNING IS MY THERAPY

RUNNING IS

MY THERAPY

RUNNING IS
MY THERAPY

乙酰胆碱的释放不仅能使我们的器官平静下来，还能刺激血清素、多巴胺和催乳素的释放，这些让人感觉良好的激素是百忧解 (Prozac) 和左洛复 (Zoloft) 等药物的靶标。

《基因、病毒与呼吸》

肺医学领域成就颇丰的研究学者

临床医生

迈克尔·J. 史蒂芬

第5章

跑步与抗抑郁药物

1994年春末，阿尔贝托·萨拉查（Alberto Salazar）多年来首次登上头条。在10多年前，他曾是世界上最优秀的长跑运动员之一，在当时全世界最好的马拉松比赛之一纽约市马拉松赛连赢3场，并在1982年波士顿马拉松赛上以2秒的优势赢得了著名的"太阳决斗"（Duel In The Sun）。

萨拉查从来不是最优异的跑步者，他的成功在一定程度上凭借的是意志的力量，他在法尔茅斯公路赛（Falmouth Road Race）[①]那一年来的艰辛努力就是一个缩影，他在那里甚至接受了告别仪式。

萨拉查的身体最终背叛了他。1983年，他在几次国际马拉松比赛中排名第5——仍表现出色，但并不像拥趸们期望的那样拥有绝对优势——在世界锦标赛的10 000米决赛中，他排在最后一位。

1984年，在美国奥运会的马拉松选拔赛中，他被当时名不见经传的皮特·普菲辛格（Pete Pfitzinger）击败，后者的个人最好成绩

———————
① 该赛事以路程长、天气炎热著称。

比萨拉查的最好成绩慢了 3 分多钟。在奥运会马拉松比赛中，萨拉查也不引人瞩目。他带着少见的谨慎去比赛，排名第 15 位，再次被普菲辛格击败。萨拉查放弃了马拉松，在较短的赛跑中，速度也越来越慢，最终不再参赛。

试想一下，1994 年 5 月下旬，人们在听说萨拉查赢得南非同志马拉松比赛（Comrades Marathon）的消息时，该有多么惊讶，这场 56 英里的比赛可以说是世界上最负盛名的超级马拉松比赛。更深入地思考一下，当萨拉查在接受赛后采访时将他的"复活"部分归因于抗抑郁药物百忧解（Prozac）时，人们又会有多惊讶。

"它几乎立即对我的整体健康状况产生了影响。"1994 年，萨拉查在接受《跑步时代》的采访时对我说，"我应对压力的能力又回到了以前的水平，我的精力水平也大幅提升了。"他说，在两名医生的建议下，他开始服用百忧解，以恢复精力水平。

"我并没有感到沮丧，"萨拉查谈到他在服用百忧解之前的状况时说，"但我觉得生活比应有的样子要更艰难。我一直认为自己是一个靠完成更多事情而茁壮成长的 A 型人格者[①]，但现在我总感觉很累。"他告诉我，服用百忧解 3 天后，就开始感觉好多了——跑步也进步多了。

萨拉查的故事从两个方面触动了我。首先，在对本章主题进行

---

① 美国学者 M.H. 弗里德曼等人研究心脏病时，把人的性格分为两类：A 型和 B 型。A 型人格者较具进取心、侵略性、自信心和成就感，并且容易紧张。

研究时，我阅读了很多对抑郁症状的描写。在谷歌搜索出现之前，找到自助诊断信息并不像现在这么容易。我仔细查看了症状清单，其中包括绝望、嗜睡和对日常活动缺乏兴趣等，而后我停了下来。在大多数时间里，不是每个人都有这种感觉吗？我的一般状态居然是不正常的？这一过程使我进行了更多的阅读，对自己的长期症状有了更深入的理解，我已经在本书的其他部分详细介绍了这一点。

而我从萨拉查的故事中获得的另一个启示是，我也能通过吃药来改善感觉吗？我的跑步水平也能因此获得提高吗？我也要试试！

自那以后的 20 多年里，抗抑郁药物和跑步的结合已经变得更加普遍与细化。在本章中，我们将通过研究和一些有趣的报告，了解现代抗抑郁药物的目标是什么，以及它们如何对跑步产生影响。

抗抑郁药物不仅仅治疗抑郁

萨拉查是那种被称为选择性 5-羟色胺再摄取抑制剂（通常也叫 SSRI）的现代抗抑郁药物的早期使用者（很多著名的现代抗抑郁药并不是 SSRI，我们将在下一节中讨论这一点）。现在，这些抗抑郁药物通常优先于较老的药物（如三环类药物）被使用，人们经过试验发现，后者的副作用通常更大。

如今，这类药物已经名声大噪。美国疾病控制与预防中心（Centers for Disease Control and Prevention）的最新数据显示，抗抑郁药物是美国人最常用的三类药物之一[1]（另外两种是止痛药和治疗高胆固醇的药物）。2011 年到 2014 年，12 岁及以上的美国人中，有 12.7% 的人在受访前一个月服用了抗抑郁药。与 1999 年相比，这一数字有了很大的增长，1999 年时这一数字仅为 7.7%。

抗抑郁药的使用，因年龄和性别的不同而有很大差异。在美国疾病控制与预防中心的数据中，女性报告称受访前一个月使用过抗抑郁药物的比例几乎是男性的 2 倍（前者为 16.5%，后者为 8.6%）。使用率随年龄的增长而上升：12 ~ 19 岁的人占 3.4%，20 ~ 39 岁的人占 7.8%，40 ~ 59 岁的人占 16.6%，60 岁及以上的人占 19.1%。

不同种族间也存在差异。在美国疾病控制与预防中心的数据中，非西班牙裔白人在受访前一个月服用抗抑郁药物的比例，是亚洲人的 5 倍（二者分别为 16.5% 和 3.3%），大约是西班牙裔人群（5.0%）与黑人（5.6%）的 3 倍。而使用比例最高的，似乎是非西班牙裔白人妇女（21.4%）和 60 岁及以上的妇女（24.4%）。

目前的药物使用趋势表明，美国人认为抗抑郁药物是一种长期药物。美国疾病控制与预防中心发现，在服用抗抑郁药的人中，有 44% 的人报告称至少在过去 5 年中都这样做。1/4 的抗抑郁药物使用者说，他们已经服用了 10 年或更长时间。

疾病控制与预防中心的数据没有按收入来分列使用情况。这一信息或许支持了爱荷华州立大学教授潘特雷蒙·艾科卡基斯的观点，在美国，抗抑郁药物处方的开具量是两极分化的。

"在美国，大多数抗抑郁药物都用于与抑郁无关的诊断。"艾科卡基斯说道，"它们适用于各种疾病——疲劳、纤维肌肉疼痛、饮食障碍、强迫症和焦虑。"2009年的一项研究发现，几乎80%的抗抑郁药物处方是由内科医生而非精神科医生开具的。

"制药公司总是向人宣扬这样的印象：抗抑郁药可能会有用，而且通常来说不会伤害任何人。"艾科卡基斯说，"因此一些医生会说，'我会针对你的问题开一些其他药物，但同时也会给你开抗抑郁的药物以防万一。'在美国，只有大约25%的处方是基于抑郁的具体症状或诊断而开具的。从这个意义上说，他们开的抗抑郁药太多了。"

"但是对于那些保险理赔范围不够大的人来说，同样的方法并不适用。"艾科卡基斯继续说道，"在较为低下的社会经济阶层，抑郁可能更为普遍，但抗抑郁药物的处方却远远不够。"

跑步比吃药副作用更少吗？

现代抗抑郁药的流行特别引人注目，因为连专家都无法确定它们为什么有效。

虽然SSRI通常被用来代表所有的现代抗抑郁药物，但除了血清素外，还有一些更加先进的类型，能够影响其他神经递质的再吸收。血清素-去甲肾上腺素再摄取抑制剂同样能够作用于5-羟色胺和去甲肾上腺素，例如郁复伸（Effexor）和欣百达（Cymbalta）。而安非他酮是韦布特林（Wellbutrin）的通称，这是一种去甲肾上腺素-多巴胺再摄取抑制剂（NDRI）。

这些药物的共同之处在于，它们都用于改变神经递质的行为，而神经递质是帮助脑细胞交流的化学物质。具体来说，抗抑郁药物可以阻止那些被认为与情绪调节相关的神经递质在完成传递工作后立即被重新吸收到大脑的神经细胞中（因此被称为"再摄取抑制剂"）。例如，这些药物可以使 5- 羟色胺在神经细胞或突触之间的间隙中留存更长时间。人们认为突触中神经递质的增加会刺激大脑中的其他活动，从而使抑郁症状得以减轻。

"令人惊讶的是，人们还不太确定这些神经传递的变化是如何与抑郁联系在一起的。"艾科卡基斯说道。正如我们在第 2 章中所见，抑郁似乎与大脑中海马体的萎缩有关，而海马体主要与记忆有关。在服用抗抑郁药物的人中，海马体往往表现出神经可塑性，或者产生新的神经元，海马体的体积也可能会增加。

"神经可塑性的程度和海马体恢复的程度似乎与抗抑郁作用有关。"艾科卡基斯解释说，"我之所以说这很复杂，是因为我们不明白为什么大脑中看似与记忆有关的区域会在某种程度上起到抗抑郁的作用。"

如果这些大脑的变化听上去很熟悉，那是因为它们和那些开始锻炼的抑郁患者的大脑变化是一样的。换句话说，人们认为抗抑郁药物对大脑中相同部分的改造作用，似乎与跑步是一样的。

关于抗抑郁药的效果如何以及对什么人有效，也存在着争议。对药物有效性的研究通常侧重于减轻症状，例如减少悲伤的频次，而非更为广泛的结果，例如在日常生活中表现得更好。这种偏差是否会让你感到烦恼，在一定程度上取决于你对抗抑郁药物的期望——是让你的生活变得更易忍受，还是让你的抑郁消失。我强烈倾向于前者，部分原因是我不指望一种药物能够"治愈"我，正如我期望跑步带给我的那样。而且对我来说，这两个目标之间并没有明显的区别。如果我不常感到悲伤了，自然就会在日常生活中表现得更好。

对抗抑郁药物有效性的最大批评在于，在治疗中，尤其是在轻度抑郁的情况下，它们的疗效要么仅仅稍高于安慰剂，要么根本无效。[2]也就是说，服用抗抑郁药物的人相比于服用安慰剂的人，症状或许并未减轻。

考虑到抗抑郁药物可能伴随的副作用，如性功能障碍和体重变化，一些专家得出结论，认为药物的风险要大于益处。重要的是，我们要记住，安慰剂作用也是一种作用。当我与临床精神病医生兼跑步者布赖恩·瓦齐谈到，萨拉查对百忧解的快速反应时，他说："我不否认他的情绪在三天内就得到了改善。安慰剂的作用是相当强大的。"

跑步者应该熟悉这种思路。假设你决定要在最近一次半程马拉松的训练期间，在工作日晚上多睡半个小时，即使你的训练内容相似，你却会在后一半的时间里跑得比之前更快些。额外的睡眠会产生帮助吗？或者说得更好听些，更充足的睡眠是否能让你从训练中得到更好的吸收与恢复，从而在比赛日提升你的体能？

再或者这种增加睡眠的想法本身——"看，我是多么专注于这场比赛，提前上床睡觉便是为它做的准备"——真的让事情变得不同了吗？在后一种情况下，你经常提醒自己正在努力变得更好，这可能会形成一个积极的反馈循环：你告诉自己恢复得更好了，所以在锻炼中更加努力，而这个过程中的进步会激励你吃得健康，减掉几磅（1 磅 ≈ 0.45 千克）体重会让你在长跑时感觉更好，坚持长跑又会让你对比赛日感到兴奋，诸如此类。

抗抑郁药物也可能产生一系列类似的自我增强循环。要告诉自己，你最终是能为自己的病情做点什么的，比如吃药，这或许能成为改善病情的催化剂。

值得注意的是，在抗抑郁药物的试验中，随着时间的推移，安慰剂作用会大大增强。这一增强与社会对药物越来越高的接受度是吻合的。如果你了解到更多的人表示他们服用抗抑郁药物后感觉更好了，而使用抗抑郁药物的耻辱感比过去更少了，那么很可能是安慰剂的作用更强了。

抗抑郁药药效和运动表现力的潜在关系

萨拉查在 20 世纪 90 年代中期的故事，使抗抑郁药物潜在的提高表现的好处成了跑步者的共同话题。艾科卡基斯说："从理论上讲，这是有道理的，但出于我们接下来会看到的所有原因，我们必须谨慎对待这些好处。很多迹象都表明 5- 羟色胺与疲劳有关，因此，如果你优化了 5- 羟色胺的神经传递，从理论上来说，就可能会改善疲劳的感觉。"

但是，正如艾科卡基斯在讨论一般健康研究时告诉我的那样，出于处方规定的理由服用抗抑郁药物会如何影响普通跑步者的训练和比赛，并不是会优先得到基金资助的选题。生产这种药物的制药公司，将他们的研究重点放在药物治疗各种疾病的有效性、相对良性的常见副作用，以及不常见但具有潜在危险的副作用上。还有一些健康研究人员需要说服投资者，表示自己的研究满足了一项重要的公共卫生需求。

至于药物韦尔布特林是否能让像我这种 53 岁的消遣型跑步者在下一场比赛中跑得更快或更慢一点儿，人们并不认为这有多重要。

综上所述，现有的研究结果是模棱两可的。并没有大量的证据表明抗抑郁药物能显著提高或降低运动的成绩。为什么不确定呢？

"关于血清素的一个事实是，你可以找到一些表示血清素含量越高疲劳感就越强的人，但你也可以找到表示血清素水平越高，他们的疲劳感就越低的人。"艾科卡基斯说，"因此，5- 羟色胺的水平和大脑（某个区域）与疲劳的关系还不清楚。可看起来比较清晰的是，其中的确有一些关联，问题还是在于具体范围。"

下面这些因素使问题更加不清楚：

◎ 许多研究只采用少量研究对象，因此从这些研究中推断出所有人的情况是不可靠的。

◎ 大多数研究对象是男性，从他们身上得出的研究结论不一定适用于女性。

◎ 一些研究将现实生活中不需要抗抑郁药的运动员作为研究对象。

◎ 一些研究着眼于单次用药后的运动表现因素，显然，这并不一定等同于终身服用抗抑郁药物的效果。

◎ 一些研究会使用最大安全剂量的抗抑郁药，因此产生的任何效果，都可能不同于大多数人服用的较低剂量。这些研究背后的动机在于，观察顶尖体育运动中抗抑郁药物是否能带来足够优秀的表现，并且符合反兴奋剂条例的规定。

◎ 正如在实验室里经常发生的情况一样，许多研究使用骑自行车而非跑步作为锻炼形式。

◎ 还有一些研究包含了上述所有问题——他们观察的是少量男性骑行者的表现，这些骑行者使用了单次安全最大剂量，然而这些人并不需要抗抑郁药物。

还有一点需要注意，在必要的情况下，研究使用的都是单种抗抑郁药物。即使是一项明确的发现，比如帕罗西尔（Paxil）在剧烈运动中对核心体温的影响，也不一定适用于百忧解、韦布特林或来士普（Lexapro）。

在我们看具体的研究之前，一定要记住你跑步中的身体是个多么复杂的系统。

一个可测量参数的变化，如核心体温，有可能会导致更好或更差的表现。相反，有时实验室研究会发现，即使血糖水平和碳水化合物代谢等变量相同，两种不同情况下的表现也会有所不同。如果你在寻找清晰的、非此即彼的答案，这种模棱两可或许会令你有点沮丧。但是，对于那些认为跑步表现会超越这一系列可量化输入、可预测结果的人来说，这又是令人鼓舞的。

关于耐力表现的研究，人们倾向于采用时间实验（你能以多快的速度跑完一段既定的距离）或疲劳时间实验（你能够在一个既定的运动强度下坚持多长时间）。时间实验通常更适用于现实世界。它们都是对比赛的模拟，而我们很少会遇到这样的情况：通常我们会尽可能久地以固定速度跑步，然后在不得不减速的时候才停下来。

当研究在平常环境条件下进行时，百忧解、帕罗西尔、赛莱卡和韦布特林并未改善受试者在时间实验或疲劳时间实验中的表现。在一项研究中，更适合有氧运动的受试者在单次服用20毫克的帕罗西尔后，在疲劳时间跑圈实验中的表现要差得多。[3]

有研究表明，单次大剂量（300毫克，也被认为是最大安全剂量）的载班（Zyban，一个安非他酮品牌，和韦布特林一样）在酷热条件下能够改善表现。在 30 摄氏度和 48% 湿度条件下进行的一项研究中，男性受试者服用最大剂量的载班而非安慰剂时，他们骑行的速度快了近 5%。[4] 而一项对女性受试者的类似研究也得到了这一结果。

可这种表现上的提高在服用正常剂量（150 毫克或 225 毫克）后却并没有再现。值得注意的是，经过一系列的载班时间试验后，受试者的核心体温都升高了。最大剂量实验结束后，他们的心率更高了，这有其合理性，毕竟骑行速度更快了。研究人员写道："尽管受试者在服用最大剂量后核心体温升高，表现变得更好，但其感觉到的努力程度和温度感受没有变化，这表明人们继续运动的动机或动力有所改变。"

不过同样地，这只是一个单一品种的最大安全剂量，处方的开具对象并不一定是需要服用药物的人群。因此在这里，兴奋剂的作用要超过与现实情况的相关性。

同一组研究人员在受试者服用载班 10 天后重复了这项研究，而之前的表现提升却没有再现，受试者的核心体温也不如进行单品种剂量研究期间高。[5]"看来，长期服药能够让中枢神经递质产生适应，致使人们产生不同的药物反应。"研究者们写道。

也许从这项研究中得出的更重要的发现，是服用载班之后核心体温会升高。一项关于帕罗西尔在温暖条件下的研究也发现了核心体温的升高。[6] 在对载班的研究中人们发现，运动员的"热觉"并没有改变，这意味着尽管核心体温变高，他们却没有感到更热。这种错觉看上去能够带来研究中表现的突然改善，也会导致一些问题。例如：如果你在接近 30 摄氏度的天气里长时间地跑步，即使你的核心体温接近危险水平，你也可能不会感到过热。

耐热性是一些抗抑郁药物的潜在副作用之一，包括韦布特林和其他品牌的安非他酮。我们将在本章后面的部分讨论这个问题。

到目前为止，我们已经研究了抗抑郁药物影响你跑步的机制。这一研究领域——药物影响身体的方式——被称为药效动力学（pharmacodynamics）。如何将这个公式调转过来呢？作为一个跑步者，你有没有可能影响你服用的抗抑郁药物？跑步者相比久坐的人，需要的剂量会有所不同吗？

毕竟，处方的开具往往会考虑到病人的身体特征，如年龄、体重、种族及怀孕状况。鉴于人们经常推荐将运动与其他治疗抑郁和焦虑的方法相结合，而且我们中的许多人都在通过跑步进行自我疗愈，因此定期跑步是否会改变抗抑郁药物的功效，这一问题并不难解。遗憾的是，药代动力学（pharmacokinetics），即关于身体是如何影响药物的相关研究在抗抑郁药物领域和运动员群体中真是少之又少。

伊森·鲁德曼（Ethan Ruderman）是少数几个调查这个问题的人之一。在他的多伦多大学运动学硕士论文中，鲁德曼研究了运动是否可能影响身体对单一剂量舍曲林的处理。[7]

鲁德曼让 14 名 20 多岁的男性两次服用 100 毫克的舍曲林，其间至少间隔两周：一次是在休息时，另一次是在 30 分钟强度适中的骑行之前。鲁德曼在接下来的 48 小时后采集了血液样本。男性在服药后进行运动时，药物的作用消退期发生了变化，也就是说，药物在他们体内停留的时间更长了。

对这一发现的部分解释或许在于，当我们休息和运动时，血液的流速是不同的。你跑步时，血液会从身体的某些部位转移到工作状态的肌肉（为它们提供更多氧气）和皮肤（有助于散热）中。这就是为什么饭后跑得太快会让人不舒服——这时流向胃部的血液往往会减少，所以食物仅仅是待在那里，而无法被消化掉。

你跑步时，进入肝脏的血液也减少了很多，而这在药物代谢过程中起着关键的作用。因此，跑步可能会减慢你代谢抗抑郁药物（或其他药物）的速度。成为一名跑步者可能会带来长期的变化，如毛细血管密度增加，体脂率降低，还有可能影响药物通过你身体的方式。

鲁德曼很谨慎，没有对他的研究目的作出明确声明。相反，他希望自己的工作能激发更多关于运动如何影响药物疗效的研究与认识。"进行剧烈运动与真正成为马拉松运动员还是有着身体状态方面的不同，因此当你谈论剂量时，应该把它们与身高、体重、年龄和种族综合起来考虑。"他表示。

作为一名跑步记者和作家，我在工作中经常阅读关于锻炼表现的研究。我在几十年的实践中得到的一大启示是，运动科学有时最有助于解释跑步者已经完成的事，而非去发现跑步者应该如何做。比如说，跑步者正在进行节奏跑——以"自己舒服的"速度跑 3 ～ 6 英里，速度介于 15 000 米跑和马拉松之间。很久以前运动科学家们指出，这种跑步可以提高你的身体清除乳酸的能力，这是一种适应，可以帮你更长时间保持强劲的步伐。

这便是我对跑步和抗抑郁药物研究现状的看法。我们跑步者将会在日常路跑这个终极实验室中找到答案。理想的情况当然是研究人员总有一天会将原因揭示出来。但现在，我们能做的最好的事就是借鉴彼此的经历。下面就来谈谈我与另几位跑步者的经历。

不再为长期服用药物而感到恐惧

我第一次看心理医生是在 1995 年年初。后来我了解到，他当时并不接受新病人，但作为一名跑步者，他对与《跑步时代》的编辑合作很感兴趣，而我当时正是该杂志的编辑。在我们的第一次面谈结束前，他说我很适合服用抗抑郁药。

我最初拿到的处方是左洛复。和萨拉查一样，我几乎立即感受到了效果，但又恰恰和他相反——有一种近乎紧张性精神症的阴霾，让我感觉自己像是在一条糖浆般黏稠的溪流中翻来滚去。接下来几天，我取消了所有的工作和社交计划，几乎把所有的时间都耗在床上。当时我几乎每天都出于义务出去跑 3 英里。这种阴霾的严重程度最终有所减轻，但从未消失，一个月后，我便停用了左洛复。

接下来，我尝试了百忧解。在一个月内，我心境恶劣的三个长期存在的特征都有所缓解。首先，我的睡眠更好了。在服用百忧解之前，我每晚要醒来好几次，并且会持续一段时间。在我醒来时，可以把一整天都塞进半小时的沉思中：明天要做的事情都有什么意义？为什么一切都这么艰难？为什么我就不能像别人一样享受生活呢？接下来的 50 年也会是这样吗？而当我服用了百忧解，这些事件还是继续发生，但不那么频繁了，因为我不会每个钟头都醒来了。

其次，百忧解似乎在完成其标志性的任务——消除我的最低潮。在度日如年的日子里，我感觉就像是有一台挖掘机，刮掉了我大脑中比较快乐的部分，留下了一个坑，可这种症状几乎完全消失了。

最后，在过去的几年中，我常觉得自己就像那些被摆在一起的小雕塑玩偶，推一推底部，便会崩塌。而在服用百忧解期间，我告诉我的心理医生，我感觉紧绷起来了，更有效率地在世界中行进。

而百忧解的副作用似乎微乎其微：我掉了一两磅体重，这对一个 130 磅重的人来说，没必要减掉，但也没什么害处。性欲也下降了，对一个 31 岁、没有女朋友的单身男人来说，这还是个可喜的变化。

我等待着萨拉查那样的跑步表现反弹，但它最终也没有到来，只不过是睡眠明显改善了。事实上，百忧解对我跑步唯一的明显影响是负面的。自从服用了百忧解，我就无法在比赛的最后 1/3 赛程多发掘出 1% 或 2% 的水平了。最初几次，我很好奇这种现象是生理上的还是心理上的。随着服药时间的增加，我确信是后者。

正如我所言，百忧解让我从最低潮解脱了出来，这一点值得大加赞赏。而我为此付出的代价则是另一个极端，我也失去了自己的高潮。百忧解让我变得更加冷漠，几乎对所有的事情都不那么紧张了，还包括我是否在周末的 5 千米跑中将速度提升了 7 秒。

几年后，奥运会选手亚当·古彻（Adam Goucher）报告称，他对抗抑郁药有同样的反应。古彻最终表示，作为一名职业运动员，他并不能证明这种效果是合理的，于是放弃了药物治疗。

我 30 多岁时非常专注于自己的工作，当我服用百忧解时，我知道我在过去的几年里创造了自己最后的个人纪录。我当即决定，为了提高整体的生活质量，即使在比赛成绩上作出点让步也是值得的。如果当时想到自己还有一些性能要求需要处理的话，我或许会作出不同的决定。因为即使在我后来不再服用抗抑郁药物的时候，我也再没有恢复过从前失去的优势。

不过在我开始服用抗抑郁药物后，确实发生了一件事：我决定对此敞开心扉。我当时所做的类比是，我父亲有遗传性的胆固醇问题，需要药物治疗，而我有遗传性的心理健康问题，也需要药物治疗。那为什么我对自己病情的处理，要比我父亲对他的病情的态度更加腼腆或隐秘呢？

很快，我就在《跑步时代》上发表了关于我心境恶劣及药物治疗的短文。反馈主要分为两类。我听到有的人感谢我的坦率。也听到有人说我是个疯子，在寻找一种简单的方法来逃避生活中的问题。这两种反应其实都支持了我敞开心扉的决定，并有可能在减少心理健康问题及其多种治疗形式的污名方面发挥一点作用。

在接下来的 15 年里，我不断地停用又复用百忧解。尽管将其与降胆固醇药物进行了类比，但我脑中总是会冒出来一种想法，我不想在余生中每天都要吃一片药。每隔几年，我会准备好尝试一下没有百忧解的生活。每次尝试的时间有长有短，都以我意识到足够好的日子和太悲惨的日子之间的平衡又一次失去而告终，它与我的跑步状态、婚姻和生活的其他方面都没什么关系。当我跌跌撞撞地走进医生的办公室，他们都毫不犹豫地再次给我开了百忧解。

但随着每一次服用，百忧解似乎不再那么有效。2011 年春天，我又一次重蹈覆辙，不过那真的是最后一次了。

正如前面我所说的，我的职业生产力从没有被心境恶劣严重干扰过。这一次却被百忧解干扰了。我就坐在笔记本电脑前，对自己是否在偷懒怠工视而不见。任务的最后期限不断被我打破，我不去回复电子邮件，协作项目堆到我的办公桌上也不去理会。

我觉得自己所能做的，就是想想："嗯，这不是很有趣吗？"有一点要说明，我确实不喜欢工作，但我在工作上一直是值得信赖的。可那时候我觉得自己就像个瘾君子。药物让我感觉像是变了一个人，不再是我自己了，这种事还是头一遭。

我停用了百忧解，开始服用韦布特林，直到现在。不管好坏，它对我的跑步都没有什么明显的影响。我总是穿一件厚重得可怕的毛衣，因此即使韦布特林让我的耐热性变差了，我也没有意识到。

更重要的是，这种药物似乎对日常生活有所帮助，而且副作用最小——静息心率加快几次，偶尔对光线敏感——因此，即使我认为它会让我在酷热天气中变成一个更糟糕的跑步者，我可能还是会继续服用它。在我开始跑步者生涯近 40 年后，我认为这种取舍是可以接受的。在可预见的未来，我都不再为长期服用抗抑郁药物而感到恐惧。

"我觉得自己更像一个正常人了"

其他跑步者对抗抑郁药物的感觉和想法，更是多种多样。

对于来自芝加哥的工程师瑞安·拉斯本（Ryan Rathbun）来说，抗抑郁药物能够帮助他从沙发上下来并走出家门，以这种最直接的方式带来了跑步方面的改善。拉斯本在初中和高中时参加过田径比赛，上大学后将大部分时间用在了其他运动项目上，比如橄榄球。"我进入职场以后什么锻炼都不做了。"他说，"至少有 10 年，我什么运动也没做。我变得越来越胖，越来越沮丧，开始酗酒，状态每况愈下。我遇到了人际关系问题和生存危机，被打入了谷底。"拉斯本当时的搭档告诉他，"你需要改变"，他也同意了。

拉斯本之前服用过抗抑郁药物（百忧解和韦布特林），

效果可说是喜忧参半。后来与一位治疗师一起工作时，他开始服用欣百达，一旦剂量用对了，他就会发觉自己产生了很大的改变。"从前用药时都是'耶，我好多了，可是，呃……'"他说，"而这次却是，'哦，这就是正常人的感觉吗？'真的有了很大的不同。"

经过一段时间的药物治疗，拉斯本酒喝得少了，饮食也更规律了（包括不再暴饮暴食）。他想，"嘿，我瘦了一吨，我可以重新开始锻炼啦！"他选择了一场赛跑，恢复了他的跑步生涯。他现在是本年龄组很有竞争力的跑步者，特别擅长在摩天大楼的楼梯间攀爬。"我感觉自己并没有依赖药物。"他在谈到目前的药物治疗时说，"我觉得我就是自己心目中的那个人，或者该成为的那个人。"

和拉斯本一样，来自底特律郊区的学校心理医生丽贝卡·斯科齐拉斯（Rebecca Skoczylas）也是在服用抗抑郁药物后才开始定期跑步的。但她说，她的跑步并不一定是因药物（来士普和韦布特林）而开始的。

"我在第二个孩子出生 3 周后开始吃药，几个月后就开始跑步了。"她在谈到 2007 年开始接触这项运动时说道，"我敢说这些药物并不能充分解决我的所有症状。每当我度过非常艰难的一天，没有什么能比一次酣畅淋漓的跑步对我更有帮助。从长远来看，我得到的即时高潮与满足感，不可能仅仅来自药物。"药物对她的最大影响，便是收到了7张马拉松赛事的通知，她说："当药物状况能够得到控制时，自己便更容易保持积极性。"

2016年，斯科齐拉斯接受了一次外科手术，切除了一个巨大的癌症肿瘤。由于焦虑加剧，她增加了用药剂量。但是她说，是跑步而非药物真正让她苏醒了过来："在我重新开始跑步之前，我感觉不到自己是'正常'的。"

杰夫·李（Jeff Lee）是亚拉巴马州哈特塞勒的一名会计，他说药物对自己的跑步是有帮助的，但服药过程很迂回。

由于慢性抑郁和焦虑，李服用文拉法辛[偶尔还有克诺平（Klonopin）]已有10多年了。几年前，他在49岁时开始跑步，目的是减肥和改善健康状况。2016年下半年，他决定停止服用这些药物。他说："我已经跑了很长时间，变得更健康了，每周跑30~35英里，所以我想自己不再需要它了。"

据李报告称，没过几周，他的精神状态就和10年前一样了："在我停止用药之前，并不知道自己会变成什么样。"

他继续服用这些药物，几周内就看到了效果，"这是我所能做的让自己跑起来的所有事了，不过我确实做到了"。李说。他意识到他"在用药期间跑得更多，也对跑步更有兴趣了"。

阿里·诺兰（Ali Nolan）的跑步与药物治疗的交集则更

为复杂。作为我在《跑者世界》的前同事，这位达拉斯人于2016 年开始服用来士普，以解决日益增加的焦虑困扰。这种药物极大地改善了她不跑步时的生活。"我不再产生不吉利的想法，也不再有被禁锢的感觉了。"诺兰说，"大多数时间我都能安然入睡。不需要每工作一段时间就要休息40 分钟了，还可以连续制作几十个检查表单，并进行复核——这对一个作家或编辑来说很重要。"

而事情随着跑步开始变得复杂。诺兰说，服药后她得以更加享受跑步的乐趣，总的来说，这是一个令人满意的进展："在很长一段时间里，跑步都是我控制症状的唯一手段。这种情况一直持续到我意识到自己跑得太多了，我跑了很多不必要的里程，因而跑步本身也成了一种强迫和焦虑的来源。"

但是更进一步的平衡却伴随着一些跑步表现方面的代价，尤其是在比赛结束的时候。"我觉得我的动作比以前慢了，"她说，"还有，我现在要吃更多的蛋糕。说真的，对甜食的渴望太可怕了。我估计自己胖了5 磅。"

通常来说，"问题是我对此太过放松了，"诺兰说，"如果错过了跑步，我只会耸耸肩。我过去常常因为差了几英里而心烦意乱，还要为此烦恼数日之久。为了避免这种感觉，我不会落下一天。可现在我对此太过随便了。我想这可能是因为跑步在我的心理健康中不再占据那么重的分量了。我跑步纯粹是为了享受和健身。要是在以前，我错过一次跑步，会觉得世界末日到了，甚至会觉得自己很失败——只是因为我错过了跑步。现在，我觉得自己更像一个'正常人'了。"

诺兰表示，考虑到自己的生活总体上有所改善，她现在愿意接受这种改变。但是她说："如果我由于感觉自己太迟钝或没兴趣而无法跑步，那的确会成为一个问题。如果我每周跑不到 12 英里并且无动于衷，就需要让我的丈夫检查我的脉搏，以确定我还活着。"

我们与阿米莉亚·加平共同进行的这项显然不科学的调查将要结束了，她对抗抑郁药物会改善自己的跑步产生了一个有趣的想法。加平一直很珍惜自己跑步时那种抑郁和焦虑最终消失的经历。现在，这一受欢迎的过程开始得更快了。

"抑郁和焦虑似乎不需要很长时间就能消散。"加平说道，自从开始服用药物，"很多低水平的、背景化的日常烦扰都减少了。当我跑步时，我是在一个崭新的地方启航——这是一种精神上的启航，而在此之前我只需跑 2 英里。"

那些选择跑步代替吃药的人

在对本书中的跑步者进行访谈时，也有几个人坦言他们在逃避抗抑郁药物。有的人，比如佛罗里达州坦帕市的塞西莉亚·比德维尔，就不赞同服用精神类药物的想法，并发现跑步与其他锻炼足以控制他们的病情。

患有焦虑性障碍的比德维尔说："我并不是在对选择这条路的人进行审判，但我确实认为像 SSRI 这样的东西会改变大脑的化学作用。对有些人来说，这是维持日常生活所必需的。

"但如果我能有足够的睡眠，能掌控自己的工作，能每天出去跑步，我就能处理好这一切，我的生活何其美好，不应该求助于其他东西。这才是真正的我，我担心（药物）会改变我的性格，使我变成另一个人。"

我的跑友克里斯汀·巴里（Kristin Barry）也有类似的看法。在法学院的第一年，伴随她终生的忧郁症日益恶化，巴里尝试了药物治疗，却在两周后停止了。"它们让我觉得自己摄入了太多的咖啡因——我战战兢兢、紧张不安、浑身颤抖。"她说，"我对服药这事摇摆不定，因此一旦感觉自己有不良反应，就很容易停下来。"

自那之后的 20 年里，巴里一直依靠跑步（她是一个马拉松能跑进 2 小时 40 分的选手，曾两次获得参加奥运会马拉松选拔赛的资格）和治疗来控制她的抑郁。

几年前，她创造了个人最好成绩，她有些心生抗拒，担心药物可能对自己的跑步产生影响。我也曾多次告诉她，抗抑郁药物似乎剥夺了我在比赛后期冲刺的欲望。

这些天她说："我的不情愿源于对一切药物的普遍回避。我不喜欢任何会搞乱我的大脑化学过程的做法，尽管我现在的大脑化学物质并非完美无缺。我意识到这种心态并不太好。就像刻意忽略伤口一样。在不用药物的情况下，我尽量将事情做到最好，可要是再出现一次 1997 年那样的情况，我就不会抗拒服用这些药物了，尤其我现在还是一个家长。"

来自密尔沃基（Milwaukee）的共同基金分析师布赖恩·弗兰（Brian Fran）对药物带来的身体影响感到不安，且不限于抗抑郁药物。

"我担心药物会改变自己体内的化学进程，"他说，"我向来不喜欢任何药物。甚至不吃阿司匹林！我知道药物是用来帮助我们的，但还是会去关心事物之间的长期相互作用。抗抑郁药通常非常有效，但其长期副作用目前还不得而知。我担心这些药会让我的体内系统失衡，而这无疑会最终损害我的跑步生涯。"

我的另一位跑友希瑟·约翰逊也尝试避免服用任何类型的药物，尽管她也毕生经受着间歇性的严重焦虑。"我从不曾依赖药物，最大的原因之一就是我对副作用的畏惧。我真的不用任何药，包括草药疗法。"她说。

当我问她，药物对她跑步造成的干扰中最不可接受的部分时，约翰逊说："在合理的范围内，我会告诉你任何干扰都是不可接受的。跑步是我的全部。我必须把它放在第一位。而且我意识到是它帮助我处理了如此多的问题。跑步的我是一个更好的母亲、妻子与朋友。"

运动员患上抑郁症时

上述一切抗抑郁药物的有效性与副作用、药物治疗影响你跑步的方式，以及跑步者对抗抑郁药物的各种体验，都缺乏明确的操作规范。抗抑郁药物的常见副作用，比如体重增加或减轻、口干、嗜睡，以及其他罕见的副作用（如耐热性），或许对跑步者的影响要比对久坐不动的人的影响更大。与久坐不动的人不同，你需要在药物产生的帮助和它对跑步这种自我疗愈方式造成的损害之间寻求平衡。

如果足够幸运，你会找到一位学识渊博的医生，他在开处方时还愿意对你的跑步负责。2016 年，一项对国际运动精神病学协会（International Society for Sports Psychiatry）成员的调查发现，这种医生确实存在。[8] 这些医生表示，总体上他们"倾向于使用更有活力、更不容易引起镇静、体重增加、心脏副作用和震颤的药物"。对医生进行的调查针对的是治疗多种心理健康问题的药物，而不仅仅是抑郁和焦虑药物。

"运动员的处方偏好不同于普通人群，这符合以下假设，即医生为运动员开处方时，会考虑与普通人群不同的因素。"这项调查的作者总结道。

布赖恩·瓦齐表示，对于所有的病人，他首先要探索他们是否可以对其他治疗方法产生反应。如果他认为有必要用药，也会尝试采用副作用最小的药物来解决最核心的症状。对于跑步者，瓦齐表示：

"像舍曲林（左洛复）、氟西汀（百忧解）和西酞普兰 [喜普妙（Celexa ）] 之类的 SSRI，可能会对人的积极性产生负面影响。我会和跑步者讨论服用某一种药物的风险，因为他或她可能会在悲伤、沮丧或焦虑减轻的同时感到驱动力不足。"

瓦齐建议在服用抗抑郁药物的早期要有耐心："给药物一点时间，看看效果如何，因为副作用通常会随着时间的推移而减轻。我见过一些副作用会在 10 ~ 14 天后有所减轻，到那个时候，我们希望看到的积极医学效果就开始显现出来了。不过一般来说，为了充分享受这种益处，我们还需要等 4 ~ 6 个星期。如果副作用不能忍受，我会毫不犹豫地停下来换一种药。"

如果你真的决定尝试抗抑郁药物，应该记住一点：作为众多手段中的一种，它们通常是最有效的。身为一名跑步者，相当于你已经拥有了一种关键的症状管理方式。当然，也有其他值得探索的手段。在接下来的几章中，我们将看到跑步以及其他几种针对抑郁和焦虑的非药物治疗手段。

RUNNING IS
MY THERAPY

如果你还想让你们的谈话迸发出更多智慧的火花，并加强你和谈话对象的关系，你可以告诉对方自己在这次谈话中的最大的收获。这种信息的平等交换，能够加强你们之间的情感和社会联系。

《关键 7 问》

12 万人亲证，让提问在日常沟通中产生奇效的思维教练

迈克尔·邦吉·斯坦尼尔

第 6 章

跑步与谈话疗法

我的一个朋友和她现任丈夫的第三次约会是一次跑步——这是了解一个人的好方法。尽管人们普遍认为跑步者都是沉默寡言的独行侠，但我们其实乐于分享这段里程。嗯，只是我们大多数人——我朋友的丈夫在约会后告诉她，其实他更喜欢一个人跑步。这种吸引力的关键在于，我们与他人一起跑步时所进行的对话。

这些对话中最有趣的一点，就是它们是自然发生的。即使是第一次与某人见面，我也不会像在外出社交前那样，在跑步前担心要说点什么。在跑步中交谈还有另一个有趣的点，你常常会发现自己在跑步时讨论的是个人的问题——亲密关系、工作、家庭，以及人生的意义，这样做会让你感觉更安全。相比于其他场合，你在跑步的时候更容易说出这些话。

在我们之中，那些曾经进行过这些亲密的跑步谈话以及专业的谈话治疗的人，已经注意到两者的相似之处。在本章中，我们将研究患有抑郁和焦虑的跑步者是如何从这二者中获益的。

治疗抑郁和焦虑的一线疗法

谈话疗法是最常见的一种心理疗法，一种由心理学家、精神病学家和执业心理咨询师提供的治疗方法，适用于广泛的心理健康与其他问题。当有人说他们要去看心理医生时，通常的意思是自己正在进行谈话治疗。

现代谈话疗法并非躺在沙发上讲述你的梦境，而一个难以捉摸的奥地利男人提醒你，有时雪茄仅仅是雪茄而已。谈话疗法需要来访者和专业人员双方以目标为导向的协作，以改善患者生活的具体方面。心理治疗师帮助病人说出那些会降低他们生活质量的问题。

一旦确定下核心问题，治疗师就会帮助患者，学会以有研究支撑的方式思考和解决这些问题。谈话疗法有一个共同目标，就是让病人改变过去的思维和行为习惯，并以更健康的习惯代之。

谈话疗法被公认为治疗抑郁[1]和焦虑的一线疗法。[2]许多专家认为，谈话疗法比药物治疗更有效，特别是在轻中度病例中。你可能还记得几年前的新闻报道，谈话疗法的效果被它们夸大了。许多新闻都没有提到，这些报道所基于的研究结论是，谈话疗法是有效的，"但还没有到达一些已发表的文献所宣称的程度"。[3]根据这项研究的回顾，谈话疗法为人们提供了 20% 的改善概率，而不是从前人们认为的 30%。而我会抓住这机会的。

从谈话疗法中受益的一个关键就是，没错，是谈话。如果你和

119

治疗师无法触碰到你抑郁或焦虑的核心诱因和表现，那就不可能有什么进展。患有抑郁或焦虑的跑步者在谈话治疗方面可能会领先一步，因为我们有很多在一个紧张且持续时间长的环境中检视生活问题的经验。

1995 年第一次见到一位抑郁治疗师时，我就对完全敞开心扉感到很舒服。因为当时我已经对着一群固定的观众唠叨 15 年多了，而且还不用付他们一分钱。

再内向的跑者，跑步时也能敞开心扉

在第 1 章中，我们已经看到大多数人跑步时自由流动的创造性思维是如何在停下来的瞬间就干涸的。你可能已经注意到了关于谈话的相同情形。跑了几英里后，即使最内向的跑步者，也能像处于快乐时刻那样敞开心扉，可一旦他们的心率恢复正常，就会恢复到原有的戒备状态。

"我已经和我的跑友一起跑了 7 年了，我们什么都谈。但由于日程安排不同，那是我俩唯一待在一起的时间。"临床心理学家劳拉·弗雷登多尔说道，"最近我在杂货店看到她，我却说：'哦，呃，嗨……我喜欢你的衬衫。'"

尽管跑步可以让你在静止的时候变得更聪明，但在跑步时，有些认知能力是会减弱的。不信？那就看看你下一次 10 英里跑到一半的时候，做一道复杂的数学题要花多长时间。弗雷登多尔说，大脑活动类似的暂时性变化，或许能够解释跑步时出现的口吃。

"也许我们对大脑中管理判断、后果预期和冲动控制的额叶并不那么熟悉。"她说，"所以，也许你并不担心和你的跑友谈论性生活。"

"快乐时刻"的类比或许有点道理："喝几杯啤酒就像是关闭了你的前额皮质一样，"弗雷登多尔说，"所以，和在酒吧里一样，跑步的时候大脑那一部分可能不会像其他时候那样控制你说话的方式。"

治疗师塞比德·萨雷米（Sepideh Saremi）补充说，专注于跑步所付出的努力，可能会减轻你对其他棘手问题的情绪强度。"对我来说，事情变得轻松了，"她说，"即使你谈到的是诸如母亲的癌症这样艰难的事情，你也不会纠结于此，也不会以平时的方式感受它，因为此刻，你还会同时在身体里感觉到很多其他的东西，就好像你的注意力被分散了，这能让你更轻易地去谈论艰难的事情。"

萨雷米还想到了与其他人一起跑步的后勤支撑作用——向前看吧，并排跑或前后跑——鼓励彼此开始更多的开放性对话。

"省去眼神的交流，能让我们更放松、更舒服。"她说，"我从十几岁孩子的父母那里听说，他们从青少年子女那儿听到的所有好消息都是在车里听到的。即使是我的研究院的朋友们，他们已经很开明，但我都是在一同散步和驾车时才真正了解他们。我认为在不需要看着对方的眼睛的时候，谈论自己的压力就会小一些。因此神父在你忏悔的时候不看你，也是有原因的。"

肩并肩谈话比面对面更有效

萨雷米在她的工作中融入了更多关于开放性谈话的见解。2014年，她成立了自己的私人诊所"跑走说"（Run Walk Talk），现在诊所位于加州的雷东多海滩（Redondo Beach）。

在最初的工作室谈话之后，客户可以选择在距离萨雷米工作室两个街区的海滨娱乐道路上散步或跑步时与萨雷米谈话。

萨雷米的这种方法起源于 2012 年，当时她在一家社区卫生机构工作。"我有很多男性来访者，"她说，"当他们和我坐在工作室里，并且看着我的眼睛时，很难谈论情感上的问题或艰难的事情。所以我和他们一起散步，并因此得到了更多信息。我认为，这便是肩并肩相比于持续凝视的功能所在。"

萨雷米向她的来访者保证，他们运动谈话的重点是治疗，而非一种魔鬼式的体育锻炼。他们可以走路，也可以用自己觉得舒适的、适合进行来访者会谈的速度跑步。

而有时候情况恰好相反，来访者的谈话速度使她很难跟上。在这种情况下，"在我们跑步之前，要谈好速度问题，关键在于要用运动对躯体进行检查，并从中了解他们生活中发生的事情。如果他们感觉缓慢的步调令人沮丧，我们便会就这一点展开探索。"萨雷米说。

在出发之前，萨雷米和来访者还讨论了由于外出而引起的保密问题，以及如果遇到来访者的熟人该怎么办。

接着，他们在路上来回跑，萨雷米设置了一个计时器，以标记折返点。"我们做的事情和在工作室里一样。"她说，"你正在告诉我，你生活中发生了什么事情。"萨雷米在工作室谈话时也不做笔记，所以跑步时不能做笔记对她来说并不是什么障碍。

萨雷米的来访者包括企业家和有事业心的专业人士。她说很多来访者推崇散步或跑步疗法，仅仅是因为他们感觉将锻炼和治疗结合起来，能够更有效地利用时间。不过对其他人来说，运动也能让谈话更有效率。

"有时它使治疗成为可能。"萨雷米说，"他们发现这样感觉不错，或许仅仅是身处户外就改变了他们的情绪。这看起来可能是显而易见的，但当你处于抑郁或焦虑的痛苦中时，很难相信改变你所在的环境，或对你的身体做点什么改变，就能够改变你的感觉。"

萨雷米还将原本安排在工作室的会面也带到户外去。"有些人真的很沮丧，会产生非常消极的自言自语。而我就会说：'你现在的处境真的很糟糕。我想我们应该出去走走，那也许会有帮助。'这时候思维模式也会发生变化。运动和沿途风景也打断了这种消极的念头。"弗雷登多尔同样会在适当的时候进行跑步谈话。"我把我的跑鞋放在住所背面的房间里"，她说。"我会对一些病人说：'我们去散散步吧'，然后一起走出后门，走上一英里。这会让他们开始说话。"

有时候，弗雷登多尔也会在她的工作室里开展一些活动。"我有一个十几岁孩子的个案，他真的在与抑郁作斗争。"她说，"我们让自己活跃，站起身来，来回挥动手臂，假装跑了 30 秒。我们做了一个计划外的小游戏，然后继续工作。谈话结束时，她脸上带着微笑。对于真正抑郁的人来说，某一种激活可能是让他们敞开心扉的关键。"

和让你感觉自在的人一起跑步闲聊

"对一部分人来说，这只是一种建立关系的方式。"萨雷米在谈到她那些已经是跑步者的来访者时说。跑步让他们感到安全，使他们愿意向萨雷米敞开心扉。

希瑟·约翰逊有焦虑情绪，她在这一点上与萨雷米意见一致。"虽然我可能只有在跑步的时候能见到跑友们，但我觉得和他们在一起最自在。"她说，"我感觉很安全。"将一种共享的、有价值的活动与跑步中自然产生的闲聊结合起来，你便已经为业余谈话治疗课程做了完美的准备。

"如果你发现，跟朋友一起跑步是很有价值的，那么这一切对你来说便是有价值的。"萨雷米说，"这不算是治疗，但肯定具有治疗作用。"弗雷登多尔也是一位非专业治疗的鼓吹者，她也主张在跑步时将烦心事驱除。

"我认为其中有着巨大的好处，"她说，"在 20 世纪 50 年代，女性每周要去一次理发店。彼此能互相交谈，真的会从中受益良多。和朋友一起跑步，你会获得那种与朋友进行美妙聊天的益处，进而开始把跑步和一些愉快的事联系在一起。当你真正感到沮丧时，社交可能是让你跑起来、感觉更好的关键。"

对我们许多人来说，跑步时谈话是最自然的。部分原因在于，谈话不再是谈话，而是很自然的流露。与坐着交谈或在电话里和人交谈相比，长时间的沉默在跑步时会让你感觉更舒服些。我饶有兴致地回忆起 1981 年，我和一位好朋友跑了 11 英里，在那次跑步中，他说了一句"好了"以表示我们可以安全地穿过一条拥挤的马路，而这是他在 75 分钟内说的唯一一句话。

当然，更常见的一种对话是从"三步走"开始，一直到分开时才结束。你可能会从天气、昨天的节奏跑、网飞公司的必看节目以及对死亡的恐惧，讲到随风飘散的落叶、推荐的鞋子、配偶问题和对某家餐馆的评价，所有这一切发生在跑步的前 20 分钟里，最终以某个人（通常是我）的中途休息而中断。

如果你经常和别人一起跑步，散漫的聊天可能会帮助你度过那些极度渴望跑完的时光，而当你对跑步本身的体验很感兴趣时，聊天便不再那么有用。

对于抑郁或焦虑的跑步者来说，这些漫不经心的谈话或许是种很不错的休息，能暂时打断我们头脑中经常出现的、让我们更加焦虑的话题。

很多人发现，尤为具备治疗性的是深入的会谈，不过想实现它，就要达到像萨雷米和弗雷登德尔这样的专业人士所展现的水平。就像去看心理医生一样，必须要用特定的词来描述你的问题，才能迫使你更准确地定义是什么在困扰着你。

有时候，这便是你所想或所需的一个发泄的机会，一个表达烦恼的机会，一个感受到别人对你的理解的机会。而这是我从极度耐心的跑友身上获得的最大益处。我通常不会指望他们解决什么问题，比如家庭关系的恶化、得知自己的宠物在未来 10 年内会死去的悲伤，或者在一切创造性的项目中，设想的和创造出来的东西之间存在的令人不满的差异。我只是想大声表达我的思想，它们总是深夜时分在我脑海中挥之不去。

在其他时候，你是在寻找答案，或者至少是在寻找那种感觉，关于别人如何处理某种情况。我有位跑友梅雷迪思·安德森说，和别人一起跑步有助于缓解自己的焦虑，因为她能听到另一种观点："人们会对我发出疑问，他们看事情的方式或许和我不一样。某种程度上这就像着陆一样，把我从那种令事情失控的倾向上拉回来。我想，'哦，正常人原来是这么想的。'"

我发现，和另外 1 ~ 3 个人一起跑步时，跑步谈话疗法的效果最好。而在规模较大的团体跑步中，在整个跑步过程中形成小团体并相互转换也是很自然的。在整个过程中，与同一个人跑完全程，或与同一个人持续交谈都是不可能的。

一同跑步的人越多，就越有可能出现一个聊天话题发起者。他可能在你的亲密圈之外，但是跟你很投缘。要是只有几个亲密的朋友一起跑，你知道谈话的界限，就可以更坦诚地交谈。这两类跑步，就像下班后和同事一起去酒吧或者和几个好朋友喝咖啡一样。

与他人进行跑步谈话的益处中还有一些关乎自我效能感。接受常规治疗时，我会专注于谈话——那种感觉就像我在为自己的状况做些什么一样，即使我们一周又一周地谈论着同样的事情。

当我处于精神上的挣扎时，我对和好朋友一起跑步也抱有同样的期待。这并不是说我打算用自己的麻烦来独占跑步，但在某个时间点上，斯科特的"发现-现实-失望"的话题或许能够有个得到揭示的机会。坦然接受它会发生的事实，事情就会变得更好。

在我跑步生涯的第一阶段，这样的对话几乎都是和同龄男人进行的。当我可以达到 10 000 米 31 分钟的速度时，我只能和其他年轻人一起训练了。

逐渐变老、跑得越来越慢的最大乐趣之一便是，在最近过去的 10 年里，我成了一个几乎完全和女性一起跑步的人。我也越来越倾向于将和别人一起跑步作为谈话疗法的一种形式。这也是为什么第一次进展能够极大提高第二次进展的效率。

德博拉·坦宁（Deborah Tannen）是一位语言学家，她最著名的作品或许是《你就是不明白：谈话中的女人和男人》（*You Just Don't Understand: Women and Men in Conversation*）。我读这本书（我第一次读这本书是在 25 年前）的主要收获是，男人和女人在谈话中或许有着根本不同的目标。

根据坦宁的说法，男人把谈话看作一种信息交流；男人说话时，往往会产生一种潜在的竞争，进而建立一种排位顺序。坦宁又说，女人更多地把谈话看作一种团结的契机；谈话中潜在的精神通常是同理心而非高人一等的愿望。这些不同的方式可能导致误解的产生。

例如坦宁说，如果一个女人向自己的丈夫描述工作中的问题，丈夫很可能会提供一个解决方案。这样一来，女人会觉得男人根本没有在听她的话。丈夫匆忙提出的建议意味着妻子的问题很容易解决，而她真正想从谈话中得到的，是出于同理心的支持。

相反，如果一个男人向他的妻子提起工作问题，她可能会通过讲述她经历过的类似事件来回应。此时这个男人可能会感到沮丧，因为他本来是要寻找解决问题的办法，但（他认为）他的妻子却把这事变成了关于她自己的谈话。

坦宁通过男孩们相互交谈的视频，描述了他们如何倾向于肩并肩向前的谈话，而女孩交谈的视频通常显示她们偏好面对面。对男孩来说，肩并肩可能是一种比看着对方时更有表现力的方式。如果真是这样，那就支持了萨雷米的观点，即我们中的一部分人可能会在跑步时对彼此更加坦诚，因为彼此的目光大多集中在正前方。

重点在于，和女人一起跑步比和男人一起跑步更能够帮助我克服抑郁。我在这里讲的是平均水平——我有几个长期的男性跑友，我也可以这样和他们谈话。但我们一年只见一两次面。现在，我和那些被妻子称为"你的女朋友"的女人们聊天，这让我度过了许多艰难的日子，也为牢固的友谊奠定了基础，这种友谊会延续到我们不跑步的时候。这样的关系丰富了我的生活，而在我最看重训练伙伴帮助我完成艰难的训练时，情况并不像这样。

如果你够幸运，拥有像我这样的跑友，他们可能会为你的抑郁或焦虑提供一切你所需要的谈话疗法。如果你需要专业的帮助，就不能对你的跑友期望过高。

"治疗是一种非常特殊的关系，在这种关系中，治疗师或许不能当即满足他们的需求，"萨雷米说，"当你和一个不是治疗师的人在一起时，你不能期望他们这么做。这种关系是更加互惠的——你们最好能轮流谈论各自的事情。心理医生的想法是在此期间有一定的责任与干预措施，而你的跑友却不会这样做。"

弗雷登多尔也表示同意。"与他人就我们生活中发生的事情进行对话，是非常重要的，"她说，"但有时我们需要的是一个客观的观察者说一句：'你还是感觉不太好吗？难道是因为锻炼还不够吗？'这种疗法可以让你从与跑友的交谈中得到更多的收获。"

"当人们说'跑步是我的疗法'时，我表示没有问题。"萨雷米说，"但我认为，如果你真有什么严重的问题，也许还是应该找个心理医生。显然，谈话对你很有帮助。如果你在和跑友谈话时感受到了益处，那么为什么不和专业人士一起来试试呢？你还可以走得再远一点。"

如果你去见一位专业人士，他可能会鼓励你去尝试一种方法，那就是认知行为疗法，这也是下一章的主题。

RUNNING IS

MY THERAPY

RUNNING IS
MY THERAPY

一边跑，我一边关注着身体的感觉。我
感觉自己很幸运，拥有健康的肌肉和双
腿。在斑驳的树影中慢跑，我不禁感恩
之心涌动，就像在沙滩上漫步的那天一
样，感觉自己和天空以及大地存在某种
特别的联系。

《感恩日记》

每天 5 分钟书写感恩，练习爱的能力，
感恩研究者
贾尼斯·卡普兰

第7章
跑步与认知行为疗法

想象一下你身在 5 000 米跑的最后一英里。在过去的几分钟里，你一直在自己的有氧运动极限上下进行运动。你想要保持漂亮的快速弹跳，而它随着每一次脚步撞击变得更加困难。你的胸部像是被一个箱子慢慢地压在上面。

然后，有人从你身边经过了。这并不是擦肩而过，而是渐渐离你远去。如果你是在电视上观看赛跑，可能会想："被超过的人应该紧紧尾随并拉快自己的进度条。"但你不是在看比赛，而是亲自在比赛，所以你现在的想法是："我已经筋疲力尽了。他跑得比我快。我跟不上了，就让他去吧。"

你马上会产生最直接的想法。你真的已经筋疲力尽了，每英里不能再快两秒钟了吗？当你在训练结束时，用尽全力催促自己，而非因自发消耗跑得更快的时候，会发生什么呢？现在为什么不试试看呢？为什么不与超过你的人并肩赛跑，看看你能和他一起跑多长时间呢？至少去试一试，你不会更加开心吗？

在那一小段时间里，你认为自己最初的想法是不合理的。你和另一个跑步者一同跑，痛苦并不会增加到难以忍受的程度。你跟在他后面，就能够以一年中最好的 5 000 米成绩来结束比赛。

在没意识到的情况下，你已经运用了认知行为疗法（cognitive behavioral therapy，CBT），这是一种常见的技术，旨在让心理健康治疗师帮助抑郁或焦虑的人，管理他们的内心对话和由此产生的行动。

我们在跑步时，特别是在强迫自己的时候，几乎都会产生与自己的目标背道而驰的消极想法。随着时间的推移，我们会认识到，仅仅拥有这些想法并不意味着需要赋予它们正当性。我们承认这些想法的同时也在审查着它们，并且要考虑遵循它们的后果。通常，我们会将这些想法放在一边，继续回到手头的任务。因为我们在看见事情的进展后，了解到自己坚持下去会更加快乐。

因此，作为患有抑郁或焦虑的跑步者，如果我们去见了一位推崇认知行为疗法的治疗师，就已经领先几步了。我们还有另一个优势：作为跑步者，我们自发练习认知行为疗法也可能催生更强的疼痛耐受性，并建立一种在不跑步时的困境中同样能够利用的复原力。

患上恐惧症和强迫症都是思维出了问题

认知行为疗法产生于 20 世纪 60 年代，并于 20 世纪 70 年代正式形成。它在传统的心理治疗和行为治疗之间架起了桥梁，前者关注的是一个人的感觉，后者关注的是一个人的行为。这座桥梁正是认知行为疗法所强调的：思维（也就是认知行为疗法中的"认知"部分）是如何导致情感产生，进而导致行为发生的。

在上面的比赛案例中，最初的想法"我已经筋疲力尽了，跟不上刚刚超过我的跑步者"可能会导致感觉被击溃，进而可能导致你不再努力去赶上另一名跑步者的步调。而另一种想法，比如"试着跑上去，看看你还能坚持多久"，可能会让你感觉自己拥有了能力与新的灵感，这或许能让你与其他跑步者步调一致，还能够加快你的步伐。

认知行为疗法的目标是催生那些减少问题而非增加问题的行为，从而改善你的感觉。该疗法的一个重要见解在于，自我挫败行为往往源于消极的想法，而这些想法似乎是自动进入大脑的。

例如，在一个难熬的午后工作，有酗酒问题的人可能会立刻想道："这悲惨的一天过后，我应该喝一瓶酒。"认知行为疗法可以帮助这样的人，认识到想法产生背后的原因，比如说不合理的工作量或糟糕的老板，挑战它的有效性并提出解决方法。

认知行为疗法有助于帮助有酗酒问题的人明白，即使工作量和老板是罪魁祸首，喝醉也并不能解决这些问题，反而可能造成其他问题。在这种情况下，更好的选择会使自己感觉更好，而那绝不是喝酒。这种疗法还可能促使替代行为发生，比如冥想或打电话给朋友，也将产生积极的感觉，比如平和感和联系感。

在情景应用方面，认知行为疗法侧重于短期的成果。治疗师会帮助来访者认识到导致不良情绪和后续行为的自动思维模式，如"我今天不能去工作，因为某些灾难性的事情即将发生""我做什么都无所谓，那又为什么要费心起床呢？"等。随后治疗师会帮助客户设计并实施替代性策略，通过采取更好的行动，使患者获得更好的感受。

同时，认知行为疗法也是一种长期的技术，因为你一旦学会了如何使用，就可以在你人生中任何具有挑战性的环境中使用。正是在治疗师工作室之外的可行性，使得认知行为疗法成为改善抑郁[1]和焦虑患者症状的最有效工具之一。[2]

一些研究发现，认知行为疗法在治疗轻、中度抑郁方面，与抗抑郁药物一样有效。研究还发现，在使用认知行为疗法代替抗抑郁药物的人群中，新的抑郁症状发生率要低得多。[3]当然，影响认知行为疗法的变量之一，是你接受治疗的质量。

一位优秀的临床实践者，也许能更好地教你如何成功地进行认知行为练习，而无论你经常使用哪种药物，一种给定的抗抑郁药应该会对你产生类似的影响。

弗兰克·布鲁克斯博士是一位社会工作教授，也是认知行为疗法的坚定拥护者。他认为，在认知行为疗法中发生的特定思维变化，可能会对大脑产生持久的影响。

"让我们以强迫症为例，"他说，"有时，药物治疗是一种成功的治疗方法。个中缘由很可能是大脑中控制强迫症的那部分神经递质增加了。不过人们已经通过认知行为疗法或其他不涉及改变神经递质的干预措施克服了最严重的症状。这是怎么回事呢？认知行为疗法以及其他认知干预也能够重塑大脑吗？现在开始有证据表明这是真的了。"

比如，一项研究回顾了在人们开始使用认知行为疗法后，他们的大脑是否发生了变化，这是从神经成像中发现的。[4] 这项研究确实发现了大脑的结构变化，特别是认知行为疗法"改变了参与调节消极情绪和消除恐惧的神经回路"。这些深刻的变化能够相对较快地产生。

瑞典的一项研究发现，在社交焦虑患者的大脑中，被称为杏仁核的部分在受试者仅仅接受了 9 周的基于网络的认知行为疗法后尺寸就缩小了。[5] 杏仁核的活性随着其尺寸的增加而降低。在这种情况下，大脑的萎缩是良好的现象，因为杏仁核是我们对情绪（特别是恐惧）的反应和记忆方式的关键。这些变化，与人们对自己的社交焦虑症状所报告的显著改善是一致的。

认知行为疗法与它似乎会带来的结构变化，在与运动所引起的大脑变化（如神经递质的循环增加）结合起来时，可能会更有效。这种 1+1=3 的效应，使认知行为疗法与运动相结合成了抑郁和焦虑患者的首选治疗方法。不过，我们也许无法很好地理解成为跑步者这件事是如何引导我们成功地利用认知行为疗法的。

与消极思维作斗争，在跑步中形成正反馈

我是作为一名来访者认识布鲁克斯的。在我们最初的一次面谈中，当他开始描述认知行为疗法时，我的想法便转向了跑步。布鲁克斯向我推荐的治疗抑郁和其他相关问题的基本方法，很快就为我所熟知了。这与我过去 30 年来反驳"我不能坚持到最后""重复 5 次实在太难了，3 次，不能再多了"或者"再跑 1 个小时？看上去根本不可能"这样的想法时，使用的是相同的认知过程。

几年后，我告诉布鲁克斯，我之所以能够达到我们的治疗目标，是因为我告诉自己，我已经知道如何就认知行为疗法进行实践了，他说："我认为这是非常睿智的。"

"认知行为疗法教会人们挑战惯性思维，"布鲁克斯说，"你在跑步的时候可能会想，'我不能再这样下去了。'你会快速审视一遍种种迹象，看那到底是不是真的。是的，你可能的确会产生一些身体上的迹象，证明你很痛苦。但你也能反驳这一想法：'尽管我的确有这种感觉，但过去我也是这样想的，现在我不也挺过来了吗？所以即使我有了这种感觉，也是可以继续下去的。'"

正如布鲁克斯指出的，我们经常在跑步时使用的思维方式，要比重复那些陈腐的咒语复杂得多，比如"痛苦是暂时的，骄傲是永远的"或"冠军和笨蛋的区别在于你自己"。这是一个承认那些没有帮助的想法，接着提出那些想法不合理的过程。

布鲁克斯赞同，跑步者使用认知行为疗法来解决心理健康问题或许是有利的。"人们通过认知行为疗法知道他们可以有效地去挑战自发产生的负面想法。而大多数人在着手进行认知行为疗法时，并不知道这一点。他们认为思维就是现实，这些思维关乎我们是谁、我们是怎样的人，我们并不能真正控制这些思维。对于患有高度焦虑和严重抑郁的人来说，这些思维模式确实是铁板一块：'这就是我，我不能改变任何与此相关的东西。'而当你跑步时，便已经知道事情不是这样的了。你已经知道如何去挑战那些消极的想法了。"

我的跑友克里斯汀·巴里说，在跑步中对认知行为疗法进行常规练习，能进而控制她的抑郁情绪。"跑步帮助我承认那些消极的想法，然后重新构建它。"这个曾两次获得奥运会马拉松预选赛资格的人说，"我跑得很好时，会产生自我怀疑，我仍然会承认这种想法，接着迅速地用一些事先做好的计划来进行反驳，告诉自己为什么已经准备好去做某事了。"在处理那些可能会引发或加重她的抑郁的惯性思维时，巴里说："这实际上是同一事物的不同应用。"

我的另一位跑友希瑟·约翰逊专门运用跑步来练习认知行为疗法，这能帮助她控制焦虑。

约翰逊说："进行训练并在其中融入节奏、间隔和其他高强度的动作，是在与消极的自言自语作斗争并接受和克服不适的极佳方法。"事实上，我们在跑步过程中经常运用认知行为疗法，这可能会产生一种积极的反馈循环，使我们具备更强的处理困难情况的能力。

跑步者真的很坚强

研究支持了我们对自己的看法：跑步者和其他的耐力运动员要比久坐不动的人更加坚强。研究发现，跑步者更加善于坚持以及管理疼痛。专家认为，这些特质更多是我们训练和比赛的结果，而非与生俱来的。

我首先要提一些术语。关于疼痛的研究分为痛阈（pain threshold）研究和疼痛耐受性（pain tolerance）研究。痛阈是指当你第一次把某种情况描述为痛苦的时刻。而疼痛耐受性是指你在放弃之前能够忍受多长时间的痛苦。如果生活就像疼痛研究一样该多好，在研究中，受试者能够随时终止痛苦刺激。而我们跑步者的优势，就在于对疼痛的耐受性。

比如，以色列的研究者在受试者的手臂上施加高温，以测量他们的痛阈（热感何时变成痛感），以及疼痛耐受性（当受试者发现热感变成痛感后，能够忍受多久）。研究对象为 19 名铁人三项运动员和 17 名非运动员。

关键的一点在于，铁人三项运动员对疼痛的耐受性要强得多，他们把疼痛描述得不那么剧烈，而且他们也不像久坐的受试者那样害怕疼痛。[6] 同样，德国的一项研究让超级马拉松选手和久坐不动的人，将手放进一桶冰水里，坚持 3 分钟。[7] 全部 11 名超级马拉松选手都在规定的时间内把手放在桶里，尽管平均而言，他们对这种疼痛的评分为 10 分制的 6 分。在由另外 11 个相似的人组成的对照组中（他们并不是跑步的极端狂热者），情况就要糟糕得多。只有 3 个人将手放在桶里满 3 分钟；他们的平均时间是 96 秒，也就是他们被要求坚持时间的一半多一点。在情况变得艰难时，久坐不动的人便开始朝着能够回避痛苦的方向前进。

然而上述这些发现，提出了一个"鸡和蛋"的问题：有些运动员表现得好，是因为他们天生具有更强的疼痛耐受性，还是成为一名运动员使他们发展出了更强的疼痛耐受性？澳大利亚的一项研究绕过了这个问题，对一组非运动员的痛阈和疼痛耐受性进行了测量，然后将其中一半的受试者培养为运动员，并在训练 6 周后重新测量了他们的痛阈和疼痛耐受性。[8]

结果呢？在一项测试中，接受了训练的人的疼痛耐受性提高了 20%，不过痛阈并没有变化。他们发现一种特定的感觉，痛苦与从前一样，但对这种程度不适的忍耐时间能持续更久。而和第一轮的测试一样，非运动员的身体强弱并没有差异。

显然，受试者不需要太多的训练，就能够显著提高对疼痛的耐受性。转变为锻炼者的人每周骑 3 次自行车，每次 30 分钟，强度适中。值得注意的是，他们运动的方式是有氧运动。

而以色列的研究人员对铁人三项运动员进行了测试，测试他们在非有氧运动（如力量举重）中的疼痛敏感性，发现他们的得分与久坐不动的人大致相同。

同样值得注意的是，一部分疼痛耐受性测试是在参与者的手臂上进行的。疼痛耐受性测试包括忍受阻断血流（增加疼痛）的止血带。当然，跑圈并不是专门针对手臂肌肉的，所以疼痛耐受性的提高不能归因于锻炼者对某一部位的不适已经习以为常。研究人员指出："这一结果为中枢机制作为增加疼痛耐受的主要调节因子提供了证据，并提出了一种新的心理适应训练的机制。"

虽然新转变成锻炼者的受试者骑行强度适中，但由于是初学者，对他们来说，每周 3 次半小时的锻炼大概算得上是项艰苦的任务。对于普通跑步者来说，韧性的提高可能类似于比赛体能的提高——基本的实用训练会让你走远，但增加强度能够让你走得更远。英国的一项研究发现，在实验结束时，进行高强度自行车锻炼的人相比以中等强度骑自行车的人，疼痛耐受性更强。9 临床心理学家劳拉·弗雷登多尔说："每当你做困难的事情时，你的大脑便会受益。"

研究人员推测，健身可以让你变得更强壮，而变得更强壮也可能帮助你变得更健康。用他们的话说："运动训练可以促进大脑功能的发展，提高对这些信号和相关感觉的耐受性，可能有助于提高你的耐力性能。"

当我向布鲁克斯描述这些"运动员更坚强"的研究时，他说从专业角度来看，这些研究是有其道理的，"其中的认知部分在于，你能够挑战那种自发产生的'我不能这么做'的想法。你具备了挑战这些想法的日常体验，而且并不会自动去认可它们的有效性。"

培养心理韧性，肉体的疼痛必不可缺

对耐力运动员坚韧不拔的品质进行赞扬的研究也带来了一个警告：当他们处于严重的心理压力下时，可能也和其他人一样脆弱。

在随后的一项研究中，最初认为铁人三项运动员更坚强的研究人员，再次测量了一组铁人三项运动员的痛阈和疼痛耐受性。[10] 他们不只是普通的铁人三项运动员，而且雄心勃勃，平均每周训练 16 小时，平均每年赛跑 12 次。

铁人三项运动员们告诉研究人员，他们在训练和比赛中经常体验到中高度身心压力。如果说有人从自己的运动追求中得到了现实生活中需要的适应能力，那么这些铁人三项运动员就是很好的人选。

这一次研究中，铁人三项运动员们接受了一项旨在诱发压力的普通心理测试，在测试之前和测试过程中分别接受了疼痛测试。研究人员不仅收集了铁人三项运动员们对压力的主观报告，还测量了他们唾液中的一种应激激素皮质醇的水平。

这项名为蒙特利尔成像压力任务（Montreal Imaging Stress Task）的心理测试是经过精心设计的。在 8 分钟的时间里，铁人三项运动员们要在电脑屏幕上进行算术运算。他们每完成一项任务，屏幕上都会显示他们的答案是否正确，并提供该任务的平均表现与他们的表现相比较的结果。

在测试之前，铁人三项运动员们要被告知，平均每个人完成

80% ~ 90% 的任务是合理的。这听上去就足够有压力了，但其中还有一个残酷的转折点：该测试的程序被设置为无论答案正确与否，屏幕上总是只会显示 25% ~ 45% 的正确响应。

为了让测试的压力加码，在第一次测试后，受试者们会被告知自己做得并不好，必须重新做一次测试。在第二次测试后，受试者们再次被告知，他们的表现要远低于平均水平。

研究的主要发现是，在急性心理压力来临时，有人看到并被告知他们在压力很大的任务中失败，铁人三项运动员们的痛阈会显著降低。事实上，他们对疼痛的敏感性与之前的研究中久坐不动的受试者基本相同。一位研究人员，特拉维夫大学（Tel Aviv University）的鲁思·德夫林（Ruth Defrin）博士说，任何带有不可预见性特征的事件，一旦不在你的控制之下，都会产生足够的压力，从而出现她在研究中发现的效果。铁人三项运动员至少有一个很重要的与众不同之处，他们乐意看到压力重重的状况，并一直坚持到最后。尽管测试使疼痛敏感性增强，"铁人三项运动员确实是在极度努力中坚持，即使这些努力关乎相当大的疼痛和压力"。研究人员写道。

而跑步——也许在某种程度上是因为它会自然而然地让我们对实践认知行为疗法变得娴熟起来，可以在生活中的其他领域为我们带来适用的适应力。我们知道了如何忍受，即使处于沮丧或焦虑的情况下也是如此。

马里兰大学的脑研究者 J. 卡森·史密斯博士说："在谈到抑郁或

焦虑的相关问题时，有观点认为，"锻炼可以增强人的韧性。"与铁人三项运动员疼痛耐受性类似的研究表明，我们运动员更善于处理当下的压力。

根据史密斯的说法，经常体验不愉快的情况，可能会提高你处理这些问题的基本能力，正如经常长跑能够减缓接下来每一次长跑的压力一样。他说："适应了将身体活动作为一种压力源，可以帮助你在日常生活中适应这些压力源，这不仅是生理上的，也是心理上的。"

我问德夫林，在她的研究中，跑步者是如何在研究者们创造的压力环境中保持自己来之不易的韧性的。德夫林说："这些旨在减轻压力的技术，如正念、认知行为疗法和社会支持，可能会改善疼痛调节能力。"在接下来的两章中，我们将讨论如何使正念和强大的社会关系成为你跑步过程中不可或缺的一部分，只有这样，你每周所跑的里程数才能更好地帮助你管理抑郁或焦虑。

RUNNING IS
MY THERAPY

我们内心的认知具有非常大的力量，决定着我们是否持续敲击、是否好好照顾自己，是否更多地关注身体里认真工作的部位。只要你愿意相信，几乎任何事情都是可能的，包括永久地消除疼痛。

《轻疗愈：敲除疼痛》

樊登读书会力荐，3 千万人亲身实践的全球疗愈革命领军人

尼克·奥特纳

第8章

跑步、正念与心流

节奏跑并不总是朱莉娅·卢卡斯（Julia Lucas）最喜欢做的事情。当这位前职业跑步者还是加州猛犸田径俱乐部（Mammoth Track Club in California）的成员时，她也像团队中的每个人一样，每周跑一次。卢卡斯最擅长 5 000 米跑，在赛道上重复地跑几个 800 米，要比在路上艰难地行进 40 分钟更合她的胃口。

在一次特别有挑战性的节奏跑中，卢卡斯做了许多人都会做的事情——她反复地看自己的手表。你可以想象一下她的主要思维走向："这是认真的吗，居然还要跑 28 分钟？"

卢卡斯的教练特伦斯·马洪（Terrence Mahon）也不喜欢她的节奏跑，但原因有所不同。在卢卡斯看表多次后，马洪坐在车里靠近她喊道："别再看你那该死的手表了，快跑吧！"

你或许不太可能在本土的禅修中心听到马洪的这种语气和措辞。然而，他的大体意思可能常会出现。马洪想让卢卡斯将自己放在当下，在发现自己陷入困境时，就立刻投入其中。他想让她放下对过去的遗憾（"是昨晚吃的东西让我此时感觉很糟糕吗？"）、对未来的担忧（"我怎么可能再跑 20 分钟，特别在我快要被压垮的情况下？"），以及对现在的判断（"这简直太糟了！"）。他只想让她快点跑。他想让她抱持正念。

跑步和正念是通过几种方式联系在一起的。正如马洪敦促卢卡斯做的那样，拥有一种只关注当下、不带有判断的心态，能够带来更好的表现。同时，这也可以催生更强的自我意识、缓解压力，并使人简单地享受跑步。

对于健康且久坐不动的人来说，正念已被证明有助于缓解抑郁和焦虑。具备这些条件的跑步者，可以利用与跑步相关的正念体验，在其他场合改善自己的心理健康状况。我们还能够培养自己专注于跑步的能力，以便从跑步中获得更多的心理健康益处。

接受自己，允许当下任何事的发生

你知道，有人反对某件事，说明它很受欢迎。正念就已经具备了这种匪夷所思的特性，例如《无意识：自恋文化中的正念腐败》（*Mindlessness: The Corruption of Mindfulness in a Culture of Narcissism*）一书，以及《华盛顿邮报》的一篇文章《若不是那么自私，正念会对你有些好处》（*Mindfulness Would Be Good for You. If It Weren't So Selfish*）就证明了这一点。这种诟病的主旨在于，"正念"

作为一种普遍的表现，误导了真正的正念。正如《华盛顿邮报》的那篇文章所说："这一代人的视角为唯我主义提供了工具，也为自我发现提供了借口。它吹嘘自己的荣耀，信誓旦旦地表示自己的健康和精神上的纯洁，却纵身跃入了廉价的时髦中。"这些批评人士说，在自拍盛行的时代，正念已成为另一种"与我有关"的现象，但还要糟糕得多，因为它披着一副美德的皮囊。

在抑郁、焦虑和跑步构成的背景中，正念最应通过乔恩·卡巴特–津恩（Jon Kabat-Zinn）博士在 20 世纪 70 年代提出的思路来进行理解。作为佛教冥想的实践者，卡巴特–津恩剥离了冥想的东方本体，强调它在减轻压力和焦虑方面的实践有效性。

在 1994 年出版的《你走到哪里，便存在于那里：日常生活中的正念冥想》（*Wherever You Go, There You Are: Mindfulness Meditation in Everyday Life*）一书中，卡巴特–津恩将正念定义为"当下通过有意关注而产生的觉知，以及时时刻刻都存在的、对经验展开的不评判的觉知"。

最后，卡巴特–津恩将他的这套方法编成了一套为期 8 周的课程，并命名为"基于专注的减压"（Mindity-Based Stress Reduction）。这套课程以及类似的课程都由两个主要部分构成。首先，有目的地观察你的思维、感受和身体感觉。其次，引导自己用接受而非评判的方式来展示当下的体验。

在前一章的主题——认知行为疗法中，实践者们学会了不让想法定义自己。认知行为疗法中的目标之一是挑战那些可能导致不良行为的思维的有效性。而正念则鼓励你不加评判地去观察一个想法，你是去接受它而非挑战它。这种相异的方法已经应用到临床实践中。

弗兰克·布鲁克斯博士作为一名临床社会工作者表示，他在工作中越来越多地用到了接受与承诺疗法（acceptance and commitment therapy，ACT），这种疗法便结合了正念。

"接受与承诺疗法完全是教人们使用正念和冥想技巧来接受他们目前所处的状况，"他说，"该疗法旨在改变一个人的思维模式，进而改善他们的情绪。认知行为疗法几乎完全关乎认知——认知都会引发情感，而情感又会导致行为产生。接受与承诺疗法更多的是与你的情绪以及生理上发生的事情保持联系，这会影响你的思维。"

有确凿的证据表明，类似卡巴特-津恩方法的正念训练，能够帮助抑郁或焦虑的人。荷兰的一项研究发现，那些有终生抑郁病史的人，在学会了对基于正念的认知行为疗法进行实践后，体验到了更多接连而来的愉悦情绪并且更能够从日常活动中找到快乐。[1]

一项研究对正念的长期益处进行了回顾并得出结论：这种做法是一种治疗焦虑和抑郁的可行手段。[2] 伊朗研究人员通过研究发现，基于正念的认知行为疗法在缓解抑郁症状方面与传统的认知行为疗法一样有效。[3] 牛津大学一项为期两年的研究发现，接受正念训练的人与服用抗抑郁药物的人相比，抑郁症状的复发概率并无提升。[4]

正如与其他形式的治疗相结合一样，在正念的基础上增加有规律的锻炼很可能会使之更加有效。罗格斯大学（Rutgers University）的一项小型研究对抑郁患者和非抑郁患者进行了一项为期 8 周的课程，该课程将正念练习和锻炼相结合。[5]

参与者每周两次坐着进行 20 分钟的正念冥想，在此期间，他们接到指示，要充分注意自己的呼吸。一旦发现自己在思考过去或未来，他们就要接受这种思想上的变化，接着将注意力转移到呼吸上，然后继续冥想，同时缓慢地步行 10 分钟，作为 30 分钟的跑步或骑自行车的热身，这一时间比传统热身训练翻了一番。

在研究结束时，两组参与者都报告了较弱的抑郁症状。平均而言，抑郁人群的症状减少了 40%。抑郁患者还表示，他们的反思性思维变少了，因为学会了使用正念来打破定势思维的循环。神经成像发现，与认知控制和冲突监控相关的大脑区域的功能得到了改善。

综上所述，这些研究都支持抑郁或焦虑的跑步者从众多正念方案中挑选一种进行实践。倘若你这样做了，就可能会发现这种做法并不像看起来那样极具异国情调。作为一名跑步者，你会自然而然、随时随地体验到其要领。

别再盯着手表啦！试着只注意你踏出的每一步

当你在跑步的时候，你在想写什么呢？

当你在谷歌上搜索"非跑步者应该如何开始与跑步者的对话"时，

上面这个问题和"你不担心你的膝盖吗？"在搜索结果中肯定排名最前。通常，我对这类问题的回答都是简明扼要（并非粗暴）的一句"无所谓啊"。可这对于那些没有足够健康的身体去跑上一小时，以此观察自己对世界的体验的非跑步者来说，或许是一件令人困惑的事情。

当我们跑步时，人们早就被我们脑子里发生的事情吸引住了。"你跑步的时候在想什么？"这个问题的背后其实是一种信念，即跑步本质上是一场思想与物质的较量。在这种状态下，你必须让自己的意志继续前进，方法也许是持续不断的自我激励，也许是通过精心策划来分散注意力。

这一信念是相关调查的基础，例如 1983 年一篇题为《长跑运动员的自动催眠》（*Auto-Hypnosis in Long Distance Runners*）[6] 的研究论文。作者是医学博士肯尼斯·卡伦（Kenneth Callen），他调查了 400多名跑步者，以了解他们在跑步时的想法。

卡伦报告说："超过一半的受访者，体验到了一种在深度上变化很广的恍惚状态，而对内心事件的接受能力、吸引力，以及生动的视觉形象都是自我催眠的标志。"

卡伦的发现，并不像其结论让你相信的那么重要。首先，他向受访者描述了这种"恍惚状态"，并询问他们是否也在跑步时经历过。他描述的例子包括"在跑步时脑海中形成的画面"和"跑步时变得更有创造力"。对于任何长期跑步的人来说，这些看起来都不像是某种神秘的状态，或者用卡伦的话说，是"自动发生、无须帮助的催眠体验"。

卡伦对此的标准之一，是"已经完成一次跑步，却不能回忆起跑步过程中发生的一切"。按照这个标准，当我去杂货店或者刮胡子的时候，也进入了"自动催眠"状态。

我并不是想从一开始跑步，就去打击一个善意的询问者。这本书的很大一部分，就是我们跑步时是如何思考不同问题的。但是跑步最大的吸引力之一，就是我们并非在有意识地履行这些认知过程，它们只在达到某种程度后自动发生。

进行1英里的适度跑步，我们的呼吸会自然地变得有节奏。脚步声那令人愉快的节奏，可以在我们的头脑中被感受到（回想一下大脑研究人员J. 卡森·史密斯在第4章中提到的双脚和大脑之间的神经连接）。我们静止下来后，也会倾向于按照可预测的每步节拍来呼气。神经活动的增加，有助于诱导出自由流动的思维过程。跑步通常能让我们在不需要付出太多努力的情况下，在某种程度上更接近正念。

回到我对"你跑步的时候在想什么？"这个问题的"无所谓"回答，这是对于轻松跑步时发生的事情的最准确的描述，思绪不知道从何而来，进进出出。

这鬼天气还要持续多久、你10年来不曾想起的一首歌、

你的右边膝盖、你的第一个宠物、明天的会议、去年的假期、
你是否忘记了朋友的生日、你的左腿筋、你的右肩膀、刚刚
从你身边驶过的车，以及你是否给房子上了锁等，这一切都
出现在最开始的半英里。

"让我的思绪游荡"也许是我"无所谓"回答的一个更有礼节
性的版本。同样重要的是，这些对我们的身体、思想和环境的观察，
都是以当下为导向地发生的，我自己并没有付出任何真正的努力。
而要想跃升到正念的程度，需要做的就是对这一切都不加评判。我
对此的经验是，在运动时这样做，要比静坐时容易得多。这样一来，
在其他时间成功的可能性就更大了。

这一过程也有拧巴之处，如果对自己的思维流不加评判的行为
变得太具压倒性，就需要选择一个重点领域来调整你自己的方向。
其形式可能是重复一个短语或咒语，来让自己重新定位。正如我们
将要看到的，专注于跑步的几个关键方面或者你的呼吸，也可能会
有效。菲尔·沃顿（Phil Wharton）是一位著名的心理治疗师，他告
诉我，他会使用一个概念来作为自己的精神支柱，比如"绿色"。所
有这些技巧都可以起到与老套的"念经"同样的作用。

也许我正在基于自己的经验对跑步进行普及，但是那些已经有
过个人纪录的跑步者，可能会发现用心跑步更为容易。我们拥有更
多的实践经历，去接受我们当下跑步的现实，且不带任何评判。我

们至少应该这样做，除非我们不想在接下来的几十年里充分享受跑步对心理健康的好处。现在我的快速跑的速度，是我曾经的基础训练的速度。接受这样的变化，有助于养成正念所需的心态。

不管你在跑步生涯中处于什么阶段，想要不断检验其中偏差的诱惑，都是对正念的侮辱。一位我追求性能时代的跑友，在我们跑完一场 10 000 米的比赛并冷静下来后，一度大叫着检讨速度差异！毫不奇怪，他是 GPS 运动手表的早期使用者。也许我的听力损失的唯一好处是，当跑友的手表发出嘟嘟声播报进入另一英里时，我听不到这个信号。

然而，他们轻挥手腕和快速扫视是一个信号，表示他们很可能无法不带评判地参与到当下时刻。当然，对你的健康有一个总体认识还是有好处的。但每次跑步的每英里都需要关注吗？你打算如何处理这些信息？就像特伦斯·马洪或许要说的那样，别再看你那该死的手表了，快跑吧！

这并不是说，用心跑步就是仅仅想"我就是很慢，没关系"。正如前面所述，有一些证据表明，正念训练间接或直接地与成绩的提高相关。例如，两项针对运动员的小型研究发现，短时间（4～8周）的正念训练能让运动员在后续的注意力测量上得分更高。[7]这听起来就像是有研究表明，为期4周的常规纵横填字游戏练习会让人对填字游戏更加擅长。

再说正念的某些方面，比如把你的注意力集中在当下任务，去接受而非担心身体的感觉，从而促进你的表现。不过我们也不能全盘否定这些发现。

更吸引人的是上述两项研究之一的后续研究。[8]在最初的研究中，天主教大学（Catholic University）的研究人员发现，与对照组的一组跑步者相比，为期 4 周的正念训练能够提升 25 名跑步者的正念水平。他们当时报告说："没有发现跑步表现的实际改善。"

然而一年后，情况变得有所不同。研究人员写道："跑步者从测试前到测试后的英里数有了显著的提高，跑步者的表现变化与特质变量之间存在显著的相关性。"也就是说，跑步者表现出的正念特征越多，比如抛却了研究人员所说的"与任务无关的想法"，他们这一年的进步就越大。

当然，各种因素都会影响到成绩。就我们所知，在那一年中，正念能力较强的跑步者开始吃得更好，睡得更多，甚至除了冥想和训练之外什么也不做。不过，一旦你听说一群跑步者在他们的训练中增加了一个因素，并且在此之后比未增加那个因素的跑步者的成绩提高了更多，那你就可能会去研究这个因素，不是吗？

在内心多重复几遍"肩膀放松"

正念还有另一种方式——或者至少是另一个方面——能帮你跑得更快。我认为这是咒语的另一种形式的暗示。这也是关于注意力集中，以及人们在跑步时关注什么的相关研究的关键内容。

多年来，跑步者一直被如此告知：应对比赛时的伤痛，有两种主要的策略——联系和脱离。通常的看法是这样的：联系，或者说关注你身体对压力的反应，是处于领先位置的跑步者所做的；而脱离，或者思考其他事情来使你的思维远离伤痛，是较为落后的跑步者所做的事情。常见的经验教训是，如果你关心自己比赛的表现，就应该不断地监控你的身体在比赛中提供的反馈。

爱尔兰的研究人员已经证明，事情并没有那么简单。与特伦斯·马洪对朱莉娅·卢卡斯的干预一样，他们发现过多地思考自己的感受可能会导致你跑得更慢。[9]

这项研究的细节很复杂，但确实值得深入了解。第一步是让20名经验丰富的跑步者在跑步机上进行3 000米的自定速度测试。也就是说，跑步者控制跑步机的速度，目标是尽可能快地跑完3 000米。每隔400米，跑步者就要向研究人员报告他们感觉到的劳累程度。跑步者的速度差异和心率也被全程记录下来。

随后跑步者又在跑步机上进行了两次3 000米跑的时间测试。在其中一次测试中，通过研究人员的提示，他们试图重现自己在之前的自定速度测试的有规律间隔的运动中报告的那种感觉。在这次试验中，跑步者对跑步机的速度进行了控制。跑步机的速度显示器是对跑步者隐藏的，他们只能让跑步机动得更快或更慢些。

而在另一项后续测试中，是由研究人员控制跑步机的速度，使其与跑步者在自定速度试验中选择的速度相匹配。换句话说，跑步者在这次测试中的速度与自定速度测试时相同，但它是由外部控制的。

所有三次测试完成后，研究人员采访了跑步者，以了解他们在跑步过程中的想法。在三次时间试验设置中，研究人员测量的一些变量具有关键的不同之处。

其中一个重要的结果是，在基于感觉确定速度的跑步测试中，跑步者跑 3 000 米的速度平均要慢 10%。对于以往跑 5 000 米需要 25 分钟的人来说，慢 10% 意味着要跑 27.5 分钟，对那个人来说，这往往会是一场糟糕的比赛。尽管较慢的跑步在感觉上与跑得较快难度相当（自定节奏和外部节奏），但速度有很大的差异。

为什么会发生这种事？答案可能在于，跑步者在三次测试中所想的内容不同。

在自定速度测试中，跑步者比在另两次测试中更少考虑跑步的具体问题——步伐、改善自身状态和保持良好的节奏。相反，他们对"努力 / 感觉"这类更为笼统的概念的思考，比他们在自我控制节奏和外部控制节奏测试中的思考多得多。

不过再等等，我们难道不是应该在比赛的时候监控自己，以确保自己维持在一个可以冲刺到终点的努力水平上吗？这不就是联系 / 脱离模型中所说的领先者们做的事吗？

"如果我们过于专注于自己的感觉，这样做便是以牺牲其他有利于表现的注意策略为代价的。"首席研究员诺埃尔·布里克（Noel

Brick）博士通过电子邮件告诉我，"专注于节奏、放松、技巧等心理策略可以提高我们的速度，却不会提高我们的努力意识。所以要定期检查，做个身体扫描，看看总体感觉如何。如果一切都感觉良好，那就把关注重点放在那些能帮助你保持最佳状态的策略上。"

布里克的建议与许多顶尖赛跑选手在比赛中所想的一致。在2014年波士顿马拉松比赛中，梅布·科弗雷兹基出人意料地赢得了胜利。他告诉我，自己在最后一英里时已经精疲力竭，领先优势缩小到6秒时，他对自己说："技术，技术，技术！"

比赛期间，科弗雷兹基内心重复着良好的运动暗示，比如"加快脚步"或"肩膀放松"。这样做使他专注于当下，并将思想集中于更具体的事情上，而非总体上的疲劳，因为这可能会使他对已经完成的比赛决策感到后悔，或担心接下来的赛程。布里克将此称为"注意力的任务关注焦点"。

这种将暗示当作咒语还有另一个益处：它或许能够直接带来更高的跑步效率，让你在没有认知上的努力的情况下跑得更快。这一方式还与布里克另一项研究中的关键发现一致：平均而言，在研究者控制跑步机速度的测试中，跑步者的心率会变慢2%。

作为一种提醒，研究人员调节跑步机的速度，令其与跑步者在自定速度测试中选择的设置相匹配。因此，跑步者在两种情况下都在相同时间内跑了3 000米，速度差也一样。

但是，当研究人员为跑步者设定了速度，即使和后者为自己设定的速度相同，他们完成测试时的心率仍略有降低。这一发现表明，如果研究人员让跑步者自己设定最后 400 米的速度，那么跑步者应该可以更快地完成测试。从理论上讲，同样的速度，更低的心率应该会给他们足够的储备，让他们在结束比赛时作出最佳冲刺。

"在外部控制速度的测试中，跑步者的心率下降了 2%，这是在意料之外的。"布里克说，"如果我们分析跑步者关注的是什么——保持放松以及改善跑步动作——那就情有可原了。我们认为心理策略的选择有助于提高运动效率，其体现便是 2% 的心率降低。"

布里克说，这一发现可以产生重要的实际效用。研究人员控制速度时，跑步者不必担心他们会跑得太快或太慢。使用一定形式的提示，他们便能够专注于在给定的速度下尽可能高效地跑步。

"外界控制速度的情况，可以被比作跟着领跑人跑步。"布里克说，"如果你前面有领跑人，那就将他们利用起来。让他们做出所有与速度调整相关的决策。否则，你就要定期检查自己的感受，并且集中精力保持放松，以及高效地跑步。如果没有领跑人，就尝试着与能力相仿的跑步者一起跑步。或许可以让这些人来帮你设定步调，而你自己则专注于保持放松，保证效率。"

我不想给人一种"反对 GPS 先生"的印象，但重要的是要在这里指出，调节你的手表功能，与跟随一个外部领跑人是不同的。布里克与其他研究人员认为，不断地查看这些设备是一种很糟糕的"注意力策略"。

英国肯特大学（University of Kent）的克里斯托弗·富勒顿（Christopher Fullerton）博士在《跑步者运动心理学和营养学指南》（*A Runner's Guide to Sports Psychology and Nutrition*）一书中写道："单是带着 GPS 手表跑步，就会在周围环境中产生不必要的焦虑，你会试图虔诚地坚持自己预先确定的速度，但这可能是不现实的，比如在天气变化的情况下。在比赛开始前把肚子填饱，或者和一群跑步者一同跑步，实际上可能是一种有效的策略，可以弱化人们对'维持想要的速度就需付出努力'的看法。"

布里克也同意，他表示："我们已经有数据支撑。对跑步者来说，关注那些提升表现的策略并周期性地检查自己的感受，或许会更好。我可能会赞同，长期通过 GPS 设备来检测步调或许会影响这一过程。"

毕竟，在布里克的研究中，一般跑步者和像科弗雷兹基这样的精英所使用的一些策略，如放松紧张的身体部位以及专注于良好状态，应该能够使跑步更高效。而盯着你的手腕、不断强调最后 1/10 英里的速度太慢时，情况就不太一样了。

带着正念跑步也能带来表现的提升，这与时间上的加速无关，可这一切都与一场我们梦寐以求的跑步息息相关。

在日常的自然环境中跑步，更常产生心流体验

本书的主要观点之一是，为了精神健康，任何的跑步都总比不

跑要好。这并不是说所有的跑步都是相同的。我们都体验过日复一日的跑步，一切都很顺利，跑步者与跑步之间的隔阂变得很容易打破，你会感到满足，具有效能感，而非顾虑任何其他事情。

肯尼斯·卡伦或许把这叫作自动催眠。米哈里·契克森米哈赖（Mihaly Csikszentmihalyi）则将其称为"心流"（flow），这个说法更为人熟知、也更准确。20 世纪 70 年代，匈牙利心理学家契克森米哈赖引入了心流的概念。契克森米哈赖相信，当人们体验到心流时，他们会感到最快乐，因此契克森米哈赖一直致力于推广这一概念。

契克森米哈赖在《跑步流》（*Running Flow*）中写道：

一般来说，当你相信自己拥有必要的技能来克服一种具有挑战性的情况时，心流就会产生。当你的注意力集中于手头的任务时，你对时间的感知就会产生扭曲，此时注意力高度集中在这项任务上，以致所有无关的想法和焦虑都消失了。

明确的目标驱动着你的行为，而所有内部与外部反馈，都证明你的目标是可以实现的。尽管感觉所向无敌，可一旦你的自我意识消失于无形，你对别人的看法便漠不关心。而重要的在于把握时机。[10]

心流和正念有许多共同之处，包括有意识地关注当下；关注心灵、身体和环境；以及从对过去的遗憾和对未来的担忧中解脱出来。对于身陷抑郁或焦虑的跑步者来说，这些都是有力的报偿。伴随着其带来的掌控感及目标导向，心流也会带来强烈的自我效能感。

在一项 2011 年对运动员的小型研究中，人们发现了另外一种关联。[11] 其中一部分受试者每周接受两次正念训练，共持续 6 周；另一部分则没有。研究结束时，正念训练组成员报告的心流体验，明显比开始时更频繁，而对照组的体验频率则没有变化。

或许你已经足够幸运，曾在一场比赛中体验到了心流。而它更常发生在日常跑步中，无论是田径训练、简易的跑道跑，还是中等速度的公路跑。

契克森米哈赖说，在自然的环境中跑步可以使心流体验更容易产生。相比于在人造环境中进行同样的活动，我们在自然环境中活动时，能够看到更显著的情绪改善，也更有利于大脑本身。

当我给予跑步应有的关注时，我每个月都有几次心流体验。这种情况经常发生在树冠下的小径上。我沉浸其中，不会因为一心求好而不知所措。简单地说，我对自然之美有大致的印象。

我在路的曲折、山的起伏中穿行，就好像我是这条小路的延伸。我希望能永远待在森林里。当晨光点缀着我周围的环境时，我被一种最适合表达为"是"的感觉征服。当下如此，一天中余下的时间如此，生命本身同样如此。如果我能控制这种感觉，最终便会忘记那些让人沮丧的事。

第 三 部 分

跑步

重塑生活

RUNNING IS MY THERAPY

RUNNING IS

MY THERAPY

RUNNING IS
MY THERAPY

果断删除多余的、不必要的社交关系，用更多的时间和精力去追寻有意义的互动，不仅不会危及人际交往，反而会改善人际关系。对泛泛之交说"不"，就能把精力留给亲密的人。事实就是如此。

《恰到好处的亲密》

为解决现代城市孤独问题贡献力量的人际关系资格认证师

基拉·阿萨特里安

第 9 章

跑步与人际交往

我希望《长跑者的孤独》(*The Loneliness of the Long-Distance Runner*) 从未被写出来。倒不是因为它是篇糟糕的短篇小说——我并不知道，我还没读过。而是因为这个标题很烦人。作为一种被认为恰当的对跑步者命运的描述，它已经进入大众文化之中。而我们中的一些人，在更加艰苦的奔跑过程中逐渐适应了它。

有一部分问题源于词语的内涵。单人跑步者广为流传的形象，就是"他们正遭受着缺乏同伴的痛苦"。这其实是把寂寞和孤独搞混了。或许跑过许多次的你，会赞同亨利·大卫·梭罗（Henry David Thoreau）的观点，即"我从未找到过比孤独更称心的伴侣"。有时我感觉自己就是最孤独的那一个，因为我经历着由夸大其词引起的疏离和情况几乎不允许的对深入对话的渴望。

更重要的问题在于，跑步更多意味着友谊而非孤独。集体的田径训练、与朋友的长距离跑步，以及与竞争对手的赛后休整——这些和其他制造联系的部分一样，都是跑步的一部分。即使独自一人跑步，你也会意识到自己是全世界跑友网络的一分子。你想变得孤单吗？那就把你睡觉以外的大部分时间都花在社交媒体上、做一份几乎只是在闲聊的工作，而且没有像跑步这样的业余爱好以培养有意义的联系。

对于抑郁或焦虑的跑步者来说，这项运动的社交功能似乎并不是其吸引力的主要方面。我们中许多人都是内向的，独自一人记录跑步的大部分里程都没什么问题。然而，与他人建立联系的感觉，往往更多关乎质量而不是数量。作为跑步者，我们很幸运地能拥有一种与生俱来的方式以建立联系，从而改善我们的心理健康。

社交媒体带来的多巴胺，不如和朋友线下一聚

孤独感与心理健康问题（尤其是抑郁）之间的关系，已经被很好地建立起来了。[1]美国心理学会（American Psychological Association）将社会隔离列为抑郁的危险因素之一。孤独和抑郁能够互相滋长，因为缺乏精力或对活动不感兴趣，你会选择待在家里，远离社交活动，这似乎比内心痛苦的时候打起精神微笑和聊天要容易得多。

这些感觉往往随着年龄的增长而慢慢弥合。老朋友们散落天涯，他们的日程安排也很难协调。结交新朋友的机会很少，因为我们每周的大部分时间都用于通勤或工作。而许多新的关系，似乎又缺乏

我们早年间的深度。常常会觉得自己结识的是熟人，而不是朋友。

荷兰的研究者对 60 岁以上的人进行研究发现，在两年的周期里，那些表示自己孤独的人在研究结束时报告了更加严重的抑郁症状。[2]

动物研究发现，社交隔离和不太有利的大脑化学过程之间有直接的联系。[3] 麻省理工学院的研究人员对小鼠脑中的多巴胺水平进行测量，这是一种与快乐和褒奖有关的神经递质，位于中缝背核区。中缝背核区与学习、记忆和情感，或对刺激（如愤怒或欣快）的情绪反应等生理学功能相关。[4] 其中最多的神经递质是血清素，这也是人们认为它与抑郁有关的原因。

在这项研究中，这些小鼠先被彼此隔离，然后被带回到一起。即使只受到 24 小时的隔离，当小鼠重聚时，中缝背核区的多巴胺相关神经元的活性还是显著提高了。通过对孤独感的模拟，研究人员似乎展示了社交是如何改善大脑健康的。

当然，多亏了社交媒体和其他数字化的联络方式，许多人得以比以往任何时候都感受到更多的人际联系。但是越来越多的证据表明，这些联系并不能完全代替人际交往。

一项著名的研究发现，在两周的时间里，人们使用脸书的次数越多，他们随后的感觉就越差。随着时间的推移，他们对自己生活的满意度也下降得越多。而这些现象并没有发生在受试者的直接社会交往中。

匹兹堡大学的研究人员发现，在年轻人中，在社交媒体上花时间最多的人，抑郁的概率显著较高。[5]同时研究人员还发现，每天在社交媒体上花费两小时或更多时间的人群，在社交媒体上感到自己被孤立的可能性是花费不到半小时的人群的两倍。[6]

人类是作为社会人进化而来的。身体上的亲密和令人满意的人际交往，都能促使催产素水平升高，催产素是一种神经递质，能产生与联结有关的温暖感觉。即使我们这些内向的人，也需要规律性地与他人面对面接触；与外向的人相比，我们更倾向于在较小的亲密伙伴圈子中体会到这些有益的关系。

想和 TA 深入交流吗？来一次长跑吧！

投入地跑吧！正如我所说，跑步自有一种内在方式，能创造并加强那种可以改善心理健康的关系。如果你和我一样，作为校队的一员参加了这项运动，那么从第一天开始，定期和别人一起训练就成了你跑步生涯的一部分。若你是成年后开始跑步的，可能会发现偶尔有人陪伴是有好处的，特别是对于难度更大或时间更久的锻炼。

无论哪一天，和别人一起跑步都会给人一种心情上的提升。"跑步通常是我最喜欢的社交时刻，"我的一位跑友希瑟·约翰逊说，她跑步有部分原因是为了控制焦虑。患有抑郁的克里斯汀·巴里说："跑步时与朋友社交，会让我在总体上感觉更亲密、更快乐。"

在第 6 章中我们看到，相比于静坐时，结伴训练是如何产生更开放、更有实质意义的谈话的。"和别人一起跑步，是我把自己的奋斗和成就传递给他人的一种方式，我也以此获得了不同的视角。"约翰逊说，"多年来，社交和集体活动让我以全新的方式来对待父母、与他人合作，以及学会如何成为一个更好的人。"

这里的关键在于，这些更为亲密的对话发生在我们正在完成的事情中，而这些事情本身就创造了一种联系。跑步者知道，你可以在几十英里的时空内了解一个人，而不是在 6 个月的时间中坐在相邻的隔间里。

相比一起参加读书俱乐部或烹饪课，一次田径锻炼或一次长跑的共同努力，能建立一条更牢固的纽带。将谈话和工作结合起来，你就能在令人惊讶的短时间内与他人建立起深厚的友谊。

跑步定期向新朋友提供服务的机制，是一种意义深远的心理健康援助。我 50 多岁的时候，发现了一个继续扩大我的人际关系网的简单方法，而此时我的许多同龄人却正在眼睁睁地看着自己的社交圈缩小。有些跑友长期保持如此。

当我们在日常生活中遇到对方时，常常会因为不习惯看到对方穿着便装而再次确认。在认出跑友之前，我常常会想，"这真是个很瘦的人呢"。一些在跑步中成为全天候朋友的人，他们在日常社交时却很少谈论跑步。

这不仅仅是一些数量而已。正如约翰逊所说："跑步让我有机会与这么多不同的人交流。"

　　在过去的一年里，我和 20 多岁的人、70 多岁的人，以及处于他们之间的各个年龄段的人一起跑步。有些是女人，有些是男人。有些人结婚了，有些人离婚了，有些人还没结过婚。有的人孩子都长大成人了，有的人还没有孩子，有的人家里有婴儿。有些人十几岁就开始跑步，还有些人是最近开始的。我们在不同的时间、不同的地方长大，每天从事着不同的工作。我们的生活因自己在跑步中不断发展各种各样的友谊而变得更加丰富。

　　如果说我在过去 10 年里交到的最好的朋友，是一个有两个孩子的母亲，而她是在我开始跑步生涯之后才出生的，这该如何解释呢？在我这个年纪，有多少身陷抑郁的男人，能在每周一到两个小时的时间里培养出这样的关系呢？

　　这些极其短暂的面对面接触并非存在于真空中。在我们分开的时间里，这些接触也会刺激我们的行动和想法，从而改善我们的生活。如果你像我一样，也会常常和你的跑友聊两句：锻炼进行得怎么样了？你的腿感觉好点了吗？这个周末想出去玩吗？今天早上是不是冷得要命？

　　跑步为我们提供了保持联系的理由，它们简单而明了。正如在跑步中一样，一些基本的问题也能在不跑步的时候被提起，从而使我们之间的联系变得更加紧密。

即使是最基本的与一起跑步的人制订一个计划，也是很有帮助的。要知道在一个星期三，得知星期六早上安排了一次90分钟的结伴跑，诸如此类的小事也可能会照亮这一周。过去，我计划和其他人一起训练，主要是为了达到某个比赛目标；而现在，这件事情本身就是一项有价值的目标。

跑者的交友方式："想一起去慢跑吗？"

和那些与你有着同样目标的人一起跑步，是个常规的建议。如果你知道朋友也起得很早，并且会一直等着你，你就更有可能坚持跑步。这对患有抑郁的跑步者有着特别的针对性。正如我们在第2章中看到的，减轻抑郁症状的一个关键方法便是进行激活，或参与令你愉快的活动。这样做能将你退缩、孤立和昏昏欲睡的恶性循环打破。

承诺每周和某人见面一起跑步一到两次，能够增加你在那几天走出门去的概率，并且能够在那些日子里激活一个积极的反馈循环，引发更多的活动和更佳的情绪。

那怎样才能找到这样的人呢？新的跑步伙伴或许会有组织地出现，当你和一个带着朋友的友人一起跑步时，或许和另一个人很合得来，便开始邀约一同跑步。更正式地，你还可以尝试跑步俱乐部、门店或其他组织的常规跑步。

　　根据你的外向程度，可以试着和那些在本地比赛结束后出现在你周围的人交谈。或许你们在训练速度方面的水平相近，要是地理位置和后勤条件也合适，那就一切妥当了。最开始，你可以让这个人加入自己的跑步后放松练习。我有一段最好的友情始于 25 年前，当时我对一个在我前面一同跑了 10 英里的人说："想一起去慢跑吗？"

　　有一个有趣的提示：事实证明，在放松时间进行社交的跑步传统，可以帮助你更快地从一场比赛或者艰苦的锻炼中恢复过来。休斯敦大学的教练史蒂夫·马格尼斯（Steve Magness）倡导了这一想法，他鼓励他训练的跑步者在艰苦的努力之后结伴慢跑。

　　马格尼斯引用了一些研究，比如一项关于橄榄球运动员的，[7] 这些研究发现，运动员在比赛后进行社交而非一个人待着时，其睾丸激素水平会提高。你们共度的时间，也可以是在跑步后不久吃点东西或喝杯咖啡。睾丸激素水平的提高在理论上是有帮助的，因为睾丸激素是加速身体恢复的激素之一；让更多的睾丸激素循环起来，你就可能从赛道跑、比赛跑或长跑中更快地恢复过来。

　　一起跑过几次后，你就能确定结伴跑的人是能发展成朋友，还是仅能停留在熟人阶段了。我们的标准和需求都各有不同。对很多人来说，只要有人和他一同待上几天，就能产生很大帮助了。

　　不过当你们第三次一起跑步时，你意识到那是自己一周中的社交高光时刻，你的情绪有了明显的改善，你迫不及待地计划下一次跑步，这难道不也很好吗？

加入线上跑步互助小组

我的反社交媒体小文，并不意味着在线跑步小组就没有价值。当它们是在补充而非取代面对面关系时，其实是最有帮助的。当帕蒂·哈兹（Pati Haaz）为纽约市马拉松（New York City Marathon）进行训练时，她参加了比赛的组织者——纽约路跑者（New York Road Runners）——提供的一个项目，以摆脱流产导致的抑郁。

哈兹认为，除了训练计划外，她还能够从额外的支持中获益。她的生活背景决定了所有的跑步都需要独自完成，因此她找到了另一种与其他跑步者联系的方式：加入了脸书上的一个小组，组员们参加了同一个项目。

哈兹说："这些人和我在现实生活中并不认识，但我们有着共同的目标。"

哈兹觉得自己对团队负有责任，当她缺乏动力的时候，这对她很有帮助。"我们都会与彼此分享自己正在做的事情，所以我觉得自己也必须这样做，尤其是在星期天，每个人都会发布关于自己长跑情况的帖子。"哈兹说，"我乐意分享长跑过程中拍到的好照片，因此我不在附近跑步，而是到更远一点的地方，比如普林斯顿。身处一种不同于我日常生活的美丽环境中，这本身就产生了很大的作用。"

在她的马拉松训练中，哈兹发现了不同的社交关系和别样的风景，这帮助她减轻了抑郁症状。"我不再和流产前认识的那些人打交道，我有理由和与我目标相同的人建立全新的关系，"她说，"他们中的一些人成了我最好的朋友。"

脸书上还有另一个小组，其原则不是为某一场比赛进行训练，其对象是与抑郁作斗争的跑步者。2017 年，加州奥兰治县的亚当·韦茨（Adam Weitz）创建了"悲伤跑步者"（Sad Runner）团体，以作为对他同名网站的补充。

对韦茨来说，"悲伤跑步者"并不意味着沉溺于抑郁中，而是意味着要运用跑步者的心态来应对抑郁，比如克服（跑步中和生活中的）上坡时期，而不再避开它们，进而找到一种继续前进的方法。

韦茨表示，这个脸书小组是"关注积极性与执行力的。很多抑郁团体，都仅仅立足于人们对其病症的抱怨。而我们小组的关注点则在于，我们尽管抑郁，却仍激励彼此。我们的小组中没有受害者。我们彼此鼓舞，成为生命中的战斗者，无论何种抑郁向我们袭来"。

我发现脸书还有许多跑步小组，其中一个名叫"快跑吧"（Run for It），这是一个来自加拿大的项目，用来帮助 12 ~ 19 岁的女孩了解并解决心理健康问题。该项目始于 2015 年，如今加拿大的 17 个城市都有该项目。

参与者们每周集会两次，为期 6 周，每次集会都由部分训练课程和部分关于心理健康的课程组成。该计划的最终结果是参与者在加拿大的"为女性而跑"（Run for Women）系列活动中参加 5 000 米跑。

别把"快跑吧"与"跑步女孩"（Girls on the Run）搞混了，后者是美国的一个针对中小学适龄女孩的项目。该项目旨在将 5 000 米跑的准备训练作为一种建立自尊和传授生活技能的方式，比如学会建立良好的人际关系。

医学博士瓦莱丽·泰勒（Valerie Taylor）是多伦多女子学院医院（Women's College Hospital in Toronto）的首席精神科医生，她与其他加拿大精神健康专家协商，创建了这项心理健康课程。该培训计划是由加拿大最大的连锁运动商店"跑步空间"（Running Room）开发的。

而另一个广受欢迎的加拿大连锁超市"购物者药店"（Shoppers Drug Mart）也是赞助商之一，该项目得到了当地高中与警察部门的支持。泰勒说，该项目计划将参加人群扩大到男孩，届时将制定一套普遍适用于男女学生的课程。

泰勒说，"快跑吧"项目的目标是提高人们对心理健康问题的认识，并减少病耻感。此外她还说："我们希望教会参与者积极主动地对待自己的健康状况，并进行体育活动，以提高治疗效果，或减少对药物的需求。我们正在努力提高人们认识的一点，就是对轻中度抑郁的症状，你可能不需要药物治疗，如果你过去有更加严重的抑郁，且至今仍然感觉不太好，锻炼可以帮助你恢复到理想的水平。"

该课程就以下主题对女孩们进行教育：跑步如何改善心理健康、心理健康问题的警示信号、如何谈论一个有难度的话题（例如心理健康），以及良性压力和恶性压力的区分。

简短的心理健康课程以问题讨论作为结束，女孩们也受到鼓励，在培训过程中谈论这些问题，因为她们在课程结束后将立即开始面对这些问题。

"快跑吧"计划的发起者之所以决定围绕跑步开展活动，部分原因在于即使是很短的里程，跑步对精神健康问题也是有效的。

"关于'运动到底是什么样子的'这个问题，存在很多错误的信息，"泰勒解释道，"人们经常被告知去做一些疯狂的事情，比如一旦你开始一项锻炼计划，就必须全力以赴，否则毫无效果。对我来说，跑步是最不具威胁的活动之一，你不必去健身房，不需要超级富有，也不需要买很多设备或加入某个团队。它对大多数人都是可行的，你只要遵循一个巧妙的计划就行。"

该计划的团体特征是加强其信息传递的关键。"女孩们一起跑步，有助于令她们开口说话，"泰勒说，"这也有助于打破耻辱感，让她们更舒适地谈论一些有挑战性的话题，比如自己的心理健康。我意识到人们在跑步中进行的谈话非常有益于其治疗，要不是跑步，她们可能永远不会开始这样的谈话。"

泰勒说，虽然项目的 5 000 米跑比赛可以替换为步行 1 000 米，但几乎所有的参与者都乐于选择更有雄心的跑步项目。

"这些年轻女孩意识到想要挑战自己，就要朝着 5 000 米跑的方向努力，"她说，"适当的目标设置真的很重要，我非常强烈地认同，除非她们受了重伤，否则每个人都可以在几个月的时间里学会跑上

5 000 米，只要她们采用的方法正确且安全。"

设定目标并不仅仅是为了追求自己的第一个 5 000 米跑，更重要的是为少女们设定了一个大目标。这是通过跑步来管理自己心理健康的关键部分，也是本书下一章的主题。

RUNNING IS
MY THERAPY

每天早晨醒来，我很自然地穿上跑步鞋出门晨跑，同时记录自己的跑步里程。短短 30 天内，我突破了自己"不擅长跑步"的心理限制。我成为自己可以成为的人，爱上了跑步。

《早起的奇迹》

帮助数百万读者建立早起习惯，
S.A.V.E.R.S 人生拯救计划创立者
哈尔·埃尔罗德

第 10 章
跑步与有意义的长期目标

当人们意识到自己成为一名跑步者时，首先面临的提问之一，就是各种版本的"你一天跑多少英里？"。这个问题预设我们每天都要出门去做同样的事情。这也是人们对跑步的普遍看法的一部分。

人们认为跑步是一种无趣的脂肪消耗活动，有氧运动相当于睡前使用牙线，或者我们习惯做的其他事情，因为我们"应该"，而非因为我们乐于这样做。

当然，大多数跑步者会自然地把这些事情搞混。其实你可以根据自己的可用时间、精力水平、前几天的锻炼情况、天气和心血来潮等变量，采用不同的速度与跑步方案。

如果你像我一样，通常会给善意的询问者一个稍微不一样的回答。"我一周跑 60 英里左右。"我可能会这样回答。这个答案有时会引得别人说出："那就是一天约 8 英里。"接下来要根据发问者看起来有多耐心，以及我觉得他有多迂腐，我会做出类似回答："嗯，这是不太一样的——有时会多跑一点，有时候少跑一些。"

时至今日，我应该知道面对人们的询问，我该如何给出一个简短又足够合适的答案，接着继续前进。可他们还是会再一次开始的！我会因为这种恼人的事情而不去展示自己的跑步经验，部分是因为我宁愿被忽视也不愿被误解。人们可能会成为跑步者，前提是他们了解跑步是很美妙的。

在我理想的讨论状态中，我可以说服另一个人，告诉他跑步是生活中少有的几件乐事之一，它们常常能给予你一些值得为之努力的东西，并让你以一种特有的、有意义的方式去期待，而且其结果几乎完全取决于你自己。

著名生物学家、前超级马拉松冠军贝恩德·海因里希（Bernd Heinrich）在他的著作《人类为何奔跑》（*Why We Run*）中写道："我们的心理进化到了追求长远目标的程度，因为数百万年来，这就是我们通常为了生存而必须做的事情。"根据海因里希的说法，采集狩猎者不得不坚持追捕猎物，尽管猎物常常看上去遥不可及。

海因里希的这本书，原名是《追逐羚羊》（*Chasing the Antelope*），后来因受到一本讲述当时陷入困境的费西合唱团（Phish）的书《羚羊一般奔跑》（*Run Like an Antelope*）采取法律行动的威胁，才将名字改了。海因里希说，我们的祖先为实现一个具有挑战性的目标而奋斗的经历，其成就既不在于保障生存，也不在于强迫式地长久形塑人类的心理。

在这一观点下，作为一个完全的人，我们需要追求这样的任务，在一个人们追求即时满足的时代更应如此。当我到海因里希位于缅因州西部的小屋拜访他时，他谈到了现代生活中"替代性追求"的必要性。他认为，有意义的工作或其他活动，对我们的心理健康至关重要。对于我们这些抑郁和焦虑人群来说尤其如此。

对这类人而言，日历可以延伸至无边无际，能够看到的只有恐惧或沮丧。幸运的是，作为一个跑步者，我们有一种发自内心的方式来创造替代性追求。、

良性目标：可实现、有期限、有意义的目标

在艰难时期，认为令人不满的当下就是自己永恒命运的感觉是很常见的。我们可能会沉浸在这样的想法中："我没什么可期待的""我做什么并不重要"或"永远都会是这样子的"。在你为此挣扎的时候，你可能会以这样的方式来思考你的生活与心理健康，而后者又会导致前者变得更糟。

让我们进入海因里希的替代性追求状态，或者其他人更通俗的所谓"良性目标"（Good Goals）。顾名思义，它们给了你一些值得期待的东西，而且它们直接与后面这样的观点相矛盾："无论你做什么，事情总会像现在这样发展下去。"

注意我写的是"良性目标"，为了达成目的，良性目标有以下的几个要素：

　　良性目标是有章可循的。目标的本质为你提供了一种发自内心的方式，让你客观地知道自己是否实现了目标。这通常意味着，在你朝着最终目标努力时，你能够很容易地设定一些临时目标。因此，设定一个"完成半程马拉松"之类的目标，就符合这样的标准，并能给你一些有助于在沿途争取的路标（例如能跑上 10 英里）。

　　良性目标有其最后期限。你应该设定一个完成目标的日期。它应该足够长远，足以说明实现它所需的工作量（稍后将更详细地介绍），但也应该足够近，以便为你的工作带来紧迫感。以我的一个目标为例，如果你最长的跑步里程是 6 英里，那么"3 个月后完成半程马拉松"就符合这个标准。

　　你要有时间来逐步建立你的长期跑步计划，但时间又不必太长，不要长到即使两个月不跑也不会对你完成目标造成影响。

　　良性目标要求你（合理地）督促自己。如果你每周六要跑 12 英里，那么"3 个月后完成半程马拉松"的目标就毫无意义了。你大概明天就能完成。一个好的目标要求你考虑到你现在的状态，并要求你投入经常性的努力，以提升你的能力。海因里希说："让目标变得具有挑战性和趣味性是非常困难的。"同时，目标又不该过于雄心勃勃。

　　从跑 6 英里到 3 个月后跑完半程马拉松的确是一项挑战，只要你够勤奋，应该是能够达到目标的。可如果你设定的目标是"在 3 个月后跑赢半程马拉松比赛"，那就是在妄想了。良性目标可以帮助你改变现实，但不能让你与现实完全脱节。

良性目标对你自己有意义。最后这一点至关重要，尤其是当你想要找到一个良性目标来改善你的心理健康状况时。所谓良性目标是对你来说有针对性的目标，遇到困难的时候，你仍会继续努力，因为你在内心深处想要实现它。这是你真正想做的事情，让生活变得更有趣、更愉快和更有意义。

　　作为半程马拉松选手，如果你是因为认为自己"应该"（因为似乎每个人都在这样做，这样做才能算作"真正的跑步者"）做什么而设定了某个目标，那么事实上就是别人为你设定了目标。

　　我用一场比赛来说明，良性目标的这些要素并不是巧合。它们对目标的追求者来说，是最显而易见也最容易实现的方面。比从前跑得更快、更远，是最令人陶醉的感觉之一。对即将到来的比赛的持续关注，能帮助许多沮丧或焦虑的跑步者，也包括我自己，几年以来，我借此把自己从泥潭中拉了出来。

　　赛跑并不是跑步者唯一可用的"替代性追求"。2000年春季，在两次未能取得个人马拉松最好成绩后，我设定了一个非竞争性的目标，那就是在一周内跑完马里兰州的C&O运河全长184英里的跑道。要做到这一点，我需要平均每天跑一场马拉松，连续跑7天，而且一周要跑完的路程，比我曾经完成的路程平均多出50%。

　　这些数字并没有吓到我，反而激励了我——我想让运河跑步变得令人愉快，而非一件苦差事。这意味着我必须足够健康，以应付连续几天的长跑，并且在每天的长跑之间有足够的自律来完成所有的恢复工作，让我做好第二天早上再跑一次的准备。它们全都起作用了。2000 年 11 月的那一周，我在大自然中奔跑，为保持我一生中的高光时刻，这是再好不过的理由了。

当然，非竞争性目标也不必如此极端。你可以试着每天跑步，坚持上一个月、一个季度，或者一年，或者一个月跑上比从前更多的里程，再或者跑你最喜欢的路线，速度要比你最好成绩的用时再快 10 秒。关键在于，你的目标要包含上面提到的元素。这种追求将给你的生活增添意义，当你看到自己不再被困在永无止境的当下时，也就会在生活的其他方面取得进步。

从流产抑郁到跑完全程马拉松

帕蒂·哈兹就是一个很好的例子，体现了如何朝着一个跑步目标努力，并使其成为克服心理健康危机的催化剂。

2015 年 6 月，这位来自新泽西州肯德尔公园的金融从业者在怀孕两个月时流产了。她变得非常沮丧，开始难以进入工作。"我不想下床，不想离开我的房子，"她说，"我产生了一种感觉，那就是没必要再继续下去了。除了照顾我的孩子以外，我没别的激情了，照顾孩子与其说是我乐于做的事，不如说是一种责任。"负罪感——"感觉自己就是世界上最糟糕的母亲"——恶化了这一僵局。

几个星期后，哈兹知道她需要做一些事情来改变了。"就算不是为了我自己，至少要为我的孩子们考虑。"她开始与一位咨询师见面，咨询师询问她在流产前的爱好以及喜欢的非工作活动。"咨询师告诉我，'你必须继续开始做这些事情，即使你并不愿意。'"哈兹说。

哈兹参加了那年秋天的纽约市马拉松赛，这是她第一次尝试跑这个里程。她怀孕的时候，以为自己会错过比赛。而当她遭遇流产和随之而来的抑郁后，"我只是停留在自己不会做这件事的假设上"，她说。那位治疗师说服了她："她告诉我哪怕只跑一小段也不错啊，一旦有了这个目标，并为之督促自己，就真的会对我产生帮助。"

哈兹报名参加了由比赛组织者纽约路跑者提供的模拟训练项目。"我需要有人告诉我该做什么，"她说，"我觉得自己一个人做不了这件事。每天都能收到一封电子邮件，告诉我该跑多远。对我来说，听从他们的命令更容易些。我常常不想醒来，但会看着手机，在看到电子邮件上写着'今天你必须跑4英里，总时长为××。'的时候，我便会从床上爬起来，然后出去跑步。"

一旦上路，哈兹便开始享受我们在前面章节中看到的那种思维转变："我会带着一切消极的想法开始跑步，但不知怎的，跑上一英里或一英里半之后，我就能够开始考虑其他事情了——我的速度，我还要跑多远，以及其他任何事情。"

哈兹需要经常调整那些令她沮丧的想法。那些让她抑郁的事情当然还是会重演。"在我开车、工作或半夜醒来时，想到那些让我难过的事情，都只会让事情变得更糟。它会成为一个螺旋，而且没有尽头，"她说，"我跑步的时候也会考虑那些相同的事情，但不知何故，我却能够以不同的方式去处理它们。我意识到应对这些想法的最佳时间就是跑步的时候。"

首次参加马拉松比赛的远大目标，最终使哈兹的自我效能感得到了极大的提高。"如果我是为了跑步而跑步，就不会再跑 6 英里了，"她说，"我也不会再试着跑 16 英里、18 英里或 20 英里了。我在完成一件前所未有的事。我从未跑过 13 英里以上，而突然之间，我变成每个周末都至少跑 13 英里。督促自己，并预见到我可以继续走得更远，这也给了我在其他方面的满足感。我坚信这让我变得更优秀了。"

哈兹以 6 小时 38 分的成绩完成了马拉松比赛，这对于几个月前还被困在床上的人来说，可以算是一个巨大的成就了。"我觉得，为了跑步而跑步确实是有帮助的，但设定这个伟大的目标却更有帮助。"哈兹表示，"我和我的治疗师开玩笑说：'你要告诉你病人的第一件事就是，他们必须出去，为准备马拉松而训练起来。'"

除了健康，你还为什么而跑？

你可能会想，由于罗布·克拉尔是一名精英跑步者，他自己的生计依赖于良好的比赛成绩，罗布·克拉尔不会像哈兹那样从建立计划中得到同样的提升。但他确实这么做了，并认为这是管理他抑郁情绪的关键。

"当事情进展顺利时，这几乎就像一种协同效应，并且在以一种好的方式发挥作用"，这位曾两次获得美国西部州际耐力跑（West State Endurance Run）冠军的人说道。这场美国加州的 100 英里跑比赛被认为是美国最负盛名的超级马拉松比赛。他还表示："我不知道这是巧合，还是我内心深处的某个部分认识到了这场大型比赛的重要性。"

克拉尔遭遇过几乎使他丧失生活能力的抑郁发作，但他几乎从未在一场重大比赛来临之前发作过。"我认为这是自己的动力和兴奋所致，"他说，"如果我能坚持到比赛前一两个星期都不崩溃，那么我的精力和对此的期待就足够让我坚持下去了。"

尽管克拉尔并不想让自己出现精神健康问题，但他确实提出了一个有趣的想法，即他在超级马拉松赛程后段的实力，可能部分源于自己的抑郁经历。

当他在抑郁中挣扎时，有时会穿着跑鞋坐在家门口，"我只是觉得无能为力，真的不能走出家门去跑步，"他说，在他最长的比赛过程中，"到 50 英里、60 英里或 70 英里时，疼痛在持续飙升，到这个时候你只会想：'哇，还要再跑 30 英里；我怎么可能再跑 30 英里呢？'"但是，克拉尔没有把这一想法与他在家中的糟糕日子联系在一起，而是重新定义了它。

"比赛的最后几英里是一场漫长而艰苦的挣扎，"他说，"与我抑郁发作的最糟糕的日子不同，在比赛中，我有能力让痛苦在任何时候停下来。而我选择继续认识它，并与它一起努力，我认同了它。这是一个独特的时间点，我的确处于至暗之中，但一切又尽在掌控之中。这让我感到安慰。我认为这就是让我得以回望过去的原因——拥有这样的经历，使我比往常更能掌控它。"

作为一名有竞争力的跑步者，拥有固有的目标设定和步骤，对里奇·哈夫斯特与抑郁持续终生的斗争来说是一个很大的帮助。"有一致的目标能在两个方面产生疗愈效果，"这位弗吉尼亚州安嫩代尔的居民说，"首先，内啡肽的分泌会推动我做点什么——这往往能够使我经历一次高潮。其次，写下一份训练日程并一遍又一遍地调整，或者计划比赛，再或者阅读和研究跑步的相关资料，这种系统性的方法可以让我始终如一地将精力投入那些对我的心理健康状况具有同样帮助的事情上。"

在他 50 多岁时，哈夫斯特的目标仍然是将其马拉松比赛的最好成绩刷新到 3 小时以内。

他还找到了跟踪自己表现的其他方法，并以它们作为目标，比如在本地比赛中保持在同龄人中的竞争力，或者看看他的比赛成绩在分年龄组榜单上的排名，这些榜单旨在比较不同年龄组跑同样距离所需要的时间（他还理所当然地为"与我那些坐电梯去抽烟的同事的总体比较"赋予了意义）。

如今，赛跑的目标促使哈夫斯特跑得比以前更加努力；额外的运动量和强度为他的心理健康提供了合适的促进。

"这种以结果为导向的能力极大地激发了人们的积极性。"他说，"在任何一个日子里，我要是仅仅为了健康而跑步，那为什么还要跑步呢？那样的话，我参不参加下周六的比赛都没有太大的区别。如果没有比赛目标，我可能会再想出另一种替代方案，但正是比赛让运动变得非常干净纯粹。"

罗布·克拉尔在实现了一个伟大的目标后，常常身陷痛苦。"我和很多人一样，常常会陷入压力后的挣扎中，"他说，"这与如此长时间以来一直都很专注有关。我在比赛中表现得越好，在比赛后的落差就越大。"克拉尔的经历提醒人们对跑步后抑郁的注意。

在完成你的当下目标之前，试着挑一两件事，为下一步的工作做好准备。它们不需要像你当下的目标那样雄心勃勃，在性质上也可能有所不同，也许涉及非跑步的生活领域。但当你开始注意到实现先前目标的光辉已然退却的时候，你就会发现投入新目标中的意义。

艰苦的跑步训练：你的精神氮泵

哈兹、哈夫斯特和克拉尔的例子说明，关注一场对自己有特别意义的比赛能够如何减轻抑郁或焦虑。为一场比赛做准备还有一个不那么显著的方面，也可以让人松一口气。它的影响足够重要，也值得你去做，即使是在你当下并没有比赛目标的时候。

回想一下本章开头的那个人，他问你一天跑多少英里。当你为一场比赛进行训练时，他可能会完整地指出，你不仅在每一天跑步的里程不同，锻炼的类型也可能不同。

假设你在为半程马拉松做准备。典型的每周训练可能包括周末长跑、一个工作日的节奏跑或长间歇锻炼、几个工作日的高重复短距离跑，以及几组短程的恢复性慢跑。你可以自己跑，也可以跟一个或多个跑友一起跑。你可以在赛道上进行重复的快速短跑、在小路上进行长跑准备，或在家附近的道路上的进行恢复跑。

这样的日程安排能让你为比赛做好准备，而对未来的比赛进行展望，则是伯恩德·海因里希替代性追求的简易版本。这样的日程安排也将成为你每天的解毒剂，用来消除一种自我挫败的想法，即你的每一天都是一成不变的。为赛跑而训练，为你的跑步提供了一个日常目标，一个"有意义的长期目标"的短期版本。你可能会觉得自己的余生像是一个在泥泞中旋转却越陷越深的轮胎，但你或许不会对跑步产生这样的感觉，因为你今天之所以跑得少而慢，只是为昨天的间歇跑作恢复锻炼，明天你将稳定地跑上 8 英里，还可以和朋友们相约，度过一个长跑周末。培训的结构为你的每一天提供了目标，并确保明天将是全新的。

相比于每天跑一样的里程，为比赛而训练还可以提升你日常的情绪，当然，这并不是说前者有什么问题。我们在第 4 章看到，许多跑步者报告称，经过了最艰苦漫长的训练后，他们感到最为幸福。其成就感来自在工作前进行一次不错的节奏跑，或者在星期六早上跑一次一年中最长的里程，这样一来，成就感能够陪伴你一整天。看看吧，没错，你能够克服自己的惰性去完成这件困难的事情，它可以激励你在已有的基础上，去尝试其他的挑战。

我们不要忽视，当你的消极想法被困住时，艰苦的训练和长时间的跑步所能提供的精神休整。"长距离跑步似乎对我特别有帮助"，我的跑友梅雷迪思·安德森在谈到自己的焦虑得到缓解时说。"做这件事使你太劳累了，以至于没有空间或能力再去担心任何其他困扰你的事情。"

就我而言，艰苦的训练——节奏跑、5 000 米的速度间隔跑和每英里重复的速度短跑——最能转移我的思维，让我远离对现实不足之处的沉思。专注于类似速度差、努力水平、形式和呼吸这样的事情，这样一来就几乎不会再给其他事留下空间了。

当然，从某种程度上来说，在紧迫的半小时内转移注意力，并不能解决深深困扰我的锻炼前问题；但我仍然可以从日常孤独感的减退等事情之中受益。当然，如果主要的问题是消极的想法，那问题便以另一种方式解决了，消极想法被锻炼冲散了。

我的一个朋友曾经告诉他妻子，一周跑 80 英里比跑 50 英里要容易得多。他的逆向推理是，一个人身体健康，平均每天跑 11 英里以上，就意味着任何一次特定的跑步，对他精力的损耗都会减少。他可以每天都非常尽力，但又恢复得很快，第二天所做的准备比跑步里程较少时更加充分。

我的意思并不是让你每周跑上 80 英里。而这就是你为比赛所做的训练——一周中每一天跑的里程和强度不同——它同样可以为你的健康水平提供额外动力。然后，你便能够更有规律地自发跑步，你的跑步会以持续的强度水平进行，而该水平又与良好的感受效果相关联。

2017 年春天，我准备并参加了一场赛道超级马拉松比赛，当时我已经达到了那样的程度，感到常速跑 3 个小时也并不比冬天跑上 90 分钟劳累。一旦我实现了体能的飞跃，在一切跑步中都感到了能力的提升。这是我几年来跑得最开心的一次。

像为比赛做准备一样训练

尽管如此，我还是要对抑郁或焦虑的跑步者提出以下建议：你要表现得像是在为一场比赛进行训练那样，即使事实并非如此。

我的一位跑友克里斯汀·巴里一度暂时把赛跑放在一边，专注于她的法律职业生涯，她还是保留了曾帮助她获得两次奥运会马拉松选拔赛资格的那种训练结构。

她丈夫问她为什么每天一大早上班前还在进行田径运动。"这是我 25 年来一直在做的事，"她对他说，"这也是我所理解的跑步方式。"

巴里和我在一次跑步中讨论了这个话题。为了进行记录，那是一次轻松的跑步，是在我们两人都进行了一次艰苦的锻炼之后，尽管当时并没有比赛。

我们一致同意应该继续构建我们的训练模式，就像是在准备比赛一样，这对我们来说是有意义的，尤其是对于患有抑郁的人。这让我们获得了与经常参加比赛的人相同的生理和心理变化。在给定的一周内，多种不同的跑步经历有助于我们区分生活中原本的各个领域，将它们与那些可能引发或恶化抑郁思维的日常生活现象隔开。

当然，最大的不同之处在于，我们实际上并不是在为一场比赛而努力。我们肯定会涉及替代性追求——比如巴里职业生涯的里程碑或为我自己写一本书——处于这些比赛之间的间隙。巴里和我都了解，无论发生什么，我们都会定期跑步的。这样做更容易、更愉快、更有助于使我们的每一天各不相同，同时又互相关联。

如果你已经开始了训练计划，那么这种跑步方法的基础版本在你看来将会很熟悉。

每周初挑选一天，通常是周一或周二，我以大约半程马拉松的努力程度，或更长的间隔跑的努力程度（每跑 5 000 ~ 10 000 米休息 3 ~ 5 分钟，如此重复 4 ~ 6 次）进行 20 到 35 分钟的速度跑。

在一周的后几天里，我则会进行较短的重复跑（每英里的跑步间隔 30 秒 ~ 1 分钟）。

到周末，我则会进行一周中最长的跑步，通常在 90 分钟到 2 小时之间。而其余的日子里，我跑步的快慢和远近则与前一天的训练和后一天的计划相适应。我用努力而非速度来表示我的艰苦训练，但我大部分时候要跑得更快些。如果更高的精确度能给你带来更多的快乐，那就在跑道或其他校准路线上按照单位来跑——800 米重复跑、4 英里节奏跑，等等。

即使没有比赛，也要像为比赛做准备一样训练，这样做可能看起来很奇怪。在知道我一周跑 60 英里、要进行艰苦的训练，还对自己 10 000 米能跑多快毫不在意的时候，一些跑步者确实会感到困惑。当他们的跑步主要是为了改善自己的心理健康状况时，他们可能会更好地理解这一点。

在我还是个孩子的时候，跑步最大的吸引力之一，就是它为我的生活赋予结构的方式。我每天进行的一两次跑步，决定了我在不跑步的时间里做了什么，又没有做什么。跑步本身——有多远，有多快，怎样的频次——在某种程度上是由我的目标决定的。每一天，每一周，每个月，我的活动凝聚在一起，成为通向更美好未来的基石。

在某种程度上，我开始更多地思考这种思维方式。我是否把注意力从更重要的事情上转移开了？世间万物和我的跑步有什么关系？我的跑步如何推动这个世界？除了手表上的时间变短，跑步是如何提高我的能力的？当我如此轻易地嘲讽别人消磨时间的方式时，我又为什么要赋予跑步如此多的意义并投入如此多的精力呢？

现在我已人到中年，却发现自己基本上回归了青少年时期的视角。其中主要的不同之处在于，尽管我的训练日志可能给人留下如此的印象，但我脑海中并不存在重要的比赛。

我现在完全接受这样一种观点：成为一名专注的跑步者并不是不务正业，它本身就是一种生活方式。这就是我构建最重要的替代性追求的方式，也是我逃离抑郁的方式。

RUNNING IS
MY THERAPY

户外阳光充足的情况下，人体会抑制褪黑素的合成，而促进 5- 羟色胺的合成，这不仅有利于保持清醒，而且会让我们心情愉悦。如果我们坚持每天早晨在同一时间锻炼，"新的一天就这样开始了"这种想法就会在大脑中生根发芽。一旦起床时间规律了，大脑就会更好地规划接下来一天的活动，包括何时入睡等。

《睡眠解决方案》

美国四大体育联盟（NBA、NFL、NHL、MLB）特聘睡眠咨询顾问

W. 克里斯·温特

第 11 章

跑步与健康生活方式

当人们谈论改善心理健康的"生活方式干预"时，锻炼通常是其中最重要的手段。所以，我们跑步者是很幸运的，因为我们已经进行了这项重要的实践。

作为跑步者，我们固然知道将里程跑完是关键，但是在不跑步的时候，我们的做法也是很重要的。

优秀的跑步者会谈论一些"小事情"——伸展、强化、形体训练、饮食和恢复等——这些事情对他们的训练和比赛都有很大的影响。这一原则适用于我们这些通过跑步来辅助控制抑郁或焦虑的人。

跑步以外的生活方式选择对我们的跑步和心理健康都有很大的影响。在本章中，我们将探讨健康生活方式的几个方面，谈谈它们如何有助于你的心理健康，以及如何让自己成为一名有能力成功实践这几个方面的跑步者。

在实践过这些方面后，跑步或心理健康的改善，可能源于自我效能感的安慰剂效应。可那又怎样？如果你感觉好点了，那你就已经前进了一大步。假使这是吃好睡好的结果，与你的跑步里程和思想都无关，可它至少对你的整体健康状况产生了帮助。

植物性饮食和精蛋白，还要多多晒太阳

如果你想找到与跑步者争论的最快方式，那就去问他们的训练方法吧。就说说饮食吧。你会得到各种各样的回应，从每一小口食物都需要在消耗之前仔细分析（因为运动员的身体是一座庙宇），到近乎自我破坏的漠不关心，因为从理论上来说，跑步可以免除你对所有其他生活方式的选择责任。

大多数主流营养学家都会告诉你，对跑步者来说，最好的饮食就是对所有人都最好的饮食——新鲜农作物、瘦肉蛋白和全谷物含量高，并且含有适量的不饱和脂肪，而加工食品、肥肉与糖的含量则较低的饮食搭配。

随着时间的推移，许多跑步者倾向于这种大众化饮食，因为它能够提供良好训练所需的能量水平和健康保障，不容易导致肠胃问题，并让你的体重管理相比摄入许多名称不明的快餐和包装食品时来得更加容易。

已有证据表明，作为一名跑步者，你可能会倾向于基本的规律饮食，这应当有助于缓解抑郁。

正如澳大利亚和新西兰研究的人员在 2017 年的一项研究中所说

的那样:"尽管有许多版本的'健康饮食'存在于不同的国家和文化中,观察研究得出的现有证据表明,植物性饮食(如蔬菜、水果、豆类和全谷类食品)和精蛋白(包括鱼类)的摄入量较高,与抑郁的风险降低有关。而含有更多加工食品和含糖食品的饮食模式与抑郁的风险增加有关。"[1]而且这些关联看上去与潜在的干预变量(如社会经济地位)无关。

当然,我们每个人都有自己喜欢的食物,特别是当我们抑郁或焦虑感特别强烈的时候。我喜欢的就是用勺子从罐子里直接挖出来的、吃起来嘎吱嘎吱响的花生酱。我并不是在否认自己的愉悦——我想这个世界已经否定得够多了。

在如此放纵的同时,我也试着采用这样的标准:多少用量才能在整体上减少抑郁的时间?一点点的花生酱比不加花生酱更加糟糕;我曾用"短期救济"的观点来取笑自己,但这并没有产生任何帮助。

吃太多又要比吃一点点或不吃更糟糕,因为我会在一天中剩下的时间里感到臃肿不堪和昏昏欲睡,包括在跑步时,而且如果这样重复太多次,还会导致我向妻子抱怨体重增加了。尽管如此,我的折中之道也是大多数人都会考虑的。

良好的饮食需要真正的食物而不是补品。对于抑郁的人来说,有一个潜在的例外是冬天里补充的维生素 D,当紫外线 B 有限时,你很难通过阳光来满足自己的需求。而维生素 D 缺乏会增加患抑郁症的风险。[2]

仅通过饮食很难摄入规定的每日 1 000 国际单位（international units，IU）的维生素 D，即使增强版的食品也是如此。例如，一份 6 盎司的鲑鱼排（它是维生素 D 的主要膳食来源之一）含有大约 425 国际单位的维生素 D。一只大的煮鸡蛋（另一种维生素 D 的最大量来源）含有大约 260 国际单位的维生素 D。

我唯一的膳食补充剂是冬天里每天 1 000 国际单位的维生素 D 药丸，包装上显示为维生素 D3。我们将在本章后面部分讨论有关冬季和维生素 D 的其他内容。

适量的咖啡助你跑得轻松又稳当

跑步者钟爱喝咖啡，而且理由充分——研究表明，咖啡因可以降低人们的体力消耗。

也就是说，咖啡因本身并不一定会让你跑得更快，但它可以让你在跑步时感觉更轻松，在实践中，咖啡因会让你更有可能在某一速度水平上维持更长的时间。

在马拉松等长跑比赛中，咖啡可以通过提高血液中可用作燃料的游离脂肪酸的水平，帮助你保存一些肌肉糖原（你身体储存的一种碳水化合物形式）。

这个不赖的小把戏可以在马拉松那漫漫长路中将你推向终点。而对于更多日常工作来说，咖啡的价值在于增强预先的警觉性，因此它总是在凌晨 5：00 或漫长的工作日结束时被人赞不绝口，它还能够让食物沿着胃肠道移动。一位职业马拉松运动员曾经告诉我："在排出咖啡之前，不要走出家门。"

除了跑步，人们还认为咖啡对健康有好处。在对喝咖啡和不喝咖啡的人进行比较的研究中，人们发现喝咖啡的人的 2 型糖尿病、老年痴呆症、帕金森症和几种癌症的发病率都较低。

因此，你可能并不需要我来说服你喝咖啡。出于我们的目标，值得一提的是，患有抑郁的跑步者，或许能通过经常喝咖啡来辅助他们的心理健康。

一项研究总结说道，每天喝 400 毫升（约 13.5 盎司）的咖啡能够降低抑郁的风险。[3] 另一项研究发现，"咖啡摄入量每增加 1 杯 / 天，抑郁的风险就会降低 8%。"[4] 后续一项研究表明，咖啡中益处最大的成分是咖啡因，与咖啡的量无关。

研究人员写道："当咖啡因的摄入量大于 68 毫克 / 天，而低于 509 毫克 / 天时，抑郁的风险降低得更快些，此时这种关联非常显著。"为了方便比较，16 盎司的星巴克派克烘焙咖啡（Starbucks 'Pike Place Roast'）的咖啡因含量为 310 毫克。

和许多关于咖啡与健康关系的研究一样，不仅仅是咖啡因，喝咖啡似乎对抑郁患者也有一定的益处。上面的第一项研究还检验了茶和咖啡因的摄入，发现喝咖啡和降低抑郁风险之间的关联最强。其中有一个可能的解释：一些研究发现，抑郁患者的基线炎症水平较高。[5] 而咖啡（并不是说咖啡因药丸）含有抗氧化剂，人们认为这些抗氧化剂可以降低某些类型的炎症发生的概率。

不过请注意，研究中引证的范围大约是中度摄入。过量的咖啡对你的精神健康不会有任何帮助，正如它对你的跑步也没有任何帮助一样。即使只是一点点过量，也会干扰到另一个生活方式因素，也就是跑步能够改善的、进而会改善你的心理健康状况的因素——睡眠。

最佳睡眠在坚持 3~4 个月的规律运动之后

在调查中，多达 90% 的抑郁患者表示他们有睡眠问题。[6] 这些问题通常与睡眠不足和睡眠质量差有关，比如难以入睡，晚上经常醒来和 / 或醒得比期望的要早。大约 15% 有过严重抑郁发作的人则报告称睡眠过多——在大部分时间里，他们比平时睡得更多和 / 或感觉到昏昏欲睡。

人们认为，糟糕的睡眠和抑郁是双向相关的，也就是说，抑郁会降低睡眠质量，而糟糕的睡眠又会使抑郁进一步恶化。后一点得到了那些表示人们在患抑郁之前睡眠质量不佳的报告的支持。

心理方面的因素会加重睡眠不足的影响。几乎每个人都知道，在完全清醒的情况下想"太好了，明天我就要精疲力竭了"是一种自我实现的困境。而更具伤害性的，是那些抑郁或焦虑的人们经常会产生的"至暗思维"。

凌晨 3 点的时候，你生活中的每一件事都会让你感觉更加不对劲了。而当黎明来临，也许在你跑步的时候，你便会意识到事情并不像看上去的那么严峻。但这种经历让人心力交瘁。我常好奇为什么那些子夜时分的想法总是那么可怕。为什么我们从来不在入睡前思考每件事有多美妙，然后在太阳升起时意识到我们的感觉过于乐观了？

塞西莉亚·比德维尔认为，充足的睡眠和跑步是控制自己焦虑的关键。"我是一个每天工作八九个小时的人，"这位来自坦帕的律师说，"在佛罗里达，由于天气炎热，我在夏天很早就要开始跑步，而我参加的每周二田径队要在早上 5 点开会，所以那段日子里我睡得不太多。但我严格遵守早早上床睡觉的纪律。因此，问题最大的诱因之一就是哪怕一点点的睡眠不足。"

作为一名跑步者，比德维尔和我们其他人一样，都正在提高睡好觉的概率。而运动能使睡眠持续的时间更长、质量更高（在具有恢复性的慢波睡眠中维持更多的时间）。[8] 需要验证的是，有规律的锻炼可以改善睡眠质量。

针对开始锻炼的失眠症患者进行的研究发现，要获得更佳的睡眠效果，需要 3 到 4 个月的规律运动。[9] 当跑步干扰到你的睡眠时，你或许是经历了一些急性事件，比如跑了 20 英里后腿部仍在抽搐，或者在晚上的跑道训练后，神经系统仍然在受刺激。可那些跑步的日子是例外。成为一个经常跑步的人，应该意味着更好的睡眠以及抑郁或焦虑的更多缓解。

工作日夜跑，周末至少在白天跑一次

抑郁还是引发另一种被称为季节性情感障碍（seasonal affective disorder，SAD）的特定形式的抑郁的危险因素之一。较常见的季节性情感障碍类型发生在冬季，其特点是精力不足、饮食与睡眠过多、逃避社会活动而倾向于进入准冬眠状态。

显然，要将季节性情感障碍的症状，与一个抑郁的人在 5 月或 8 月的感觉区分开来是很难的。多亏了我的跑步日志，我才注意到这些年来随着季节的变化而变化的模式。

在我居住的地方，整个 12 月，太阳刚过下午 4 点就下山了。相比于其他月份，我在 12 月写下的句子中更有可能包含"我又累了""天天如此""啤酒肚都垂下来了""毫无性趣"和"感觉胖乎乎的"等短语。

而自从使用光疗箱以来，我已经注意到了细微的改善，人们认为它能够以人为的形式，提供人们在一年中某些太阳光正在减少的时段所需的东西。这是一个循序渐进的过程。从初秋开始，我起床后几乎马上就坐到灯旁边，一边喝咖啡，一边看电子邮件，和妻子聊天，把我们的狗轻轻推开，它可是史上所有哺乳动物中患抑郁风险最低的。这样一天 20 ~ 30 分钟就足够了。

灯箱并不会发出紫外线 B 射线，也就是太阳中的维生素 D 来源。除了变化的昼夜节律，人们相信抑郁在冬天恶化的原因之一，是维生素 D 水平的降低。

在夏季，北纬 30 ~ 60 度之间——从休斯敦到阿拉斯加安克雷奇以南，只需要 15 分钟的正午阳光，就能提供每天的维生素 D 建议摄入量的 80% 左右。可在冬季，不仅阳光要少得多，而且那里的阳光向皮肤传输的紫外线量极少，甚至可以忽略不计。此外，在白天很短的季节里，很多人都会待在室内。

作为跑步者，我们有一个相对经常性的机会可以获得一些紫外线 B 射线。当然，在一年中最短的几个白天里，要适应正常的工作时间表，通常意味着要在黑暗中开始和结束跑步。

如果可能的话，至少应该计划在周末的白天跑步。我尽量在冬天多进行晨跑；要是下午 2 点我还没跑完，这种情况在 1 月要比在 7 月更糟糕些。在一年中的那段日子里，结识其他人并结伴跑步尤其重要，因为这样你就能将自己推出家门，并迫使自己进行社交活动。

压力大的时候，饮酒不如跑步

酒精是跑步文化的一部分，从啤酒厂赞助的啤酒帐篷和红酒厂赞助的赛事，到啤酒赛跑以及热身跑之后用来补充水分的那杯冷麦芽酒。在科罗拉多州的朗蒙特，你可能会逛到一家叫"鞋与啤酒"（Shoes and Brews）的商店，在你到这家跑步商店参加团体跑之后，里面有 20 多种手工酿造的啤酒可供选择。"鞋与啤酒"象征着大多数跑步者可以愉快地将跑步和酒杯结合在一起，且不会产生明显的不良后果。

但对于抑郁和焦虑的人来说，情况不一定是这样的。根据美国国立卫生研究院（National Institute Of Health）的一份报告，抑郁和焦虑与药物滥用密切相关。[10] 该报告估计，约 20% 的药物使用障碍患者患有抑郁和 / 或焦虑，而约 20% 的抑郁和 / 或焦虑患者患有药物滥用障碍。该报告鼓励医疗专业人员治疗滥用药物的人时，需要考虑心理健康问题，反之亦然。

"这么多使用药物的人，都是为了治疗自己的焦虑或抑郁，"缅因州波特兰的心理治疗师和临床社会工作者弗兰克·布鲁克斯博士说，"他们试图改变自己的情绪。可随着时间的推移，他们很难保持清醒的原因之一在于，不是没有良好的初衷或不知道该怎么办，而是他们渐渐被焦虑压得喘不过气来，或是陷入抑郁，因此再次开始自我治疗。"

康复项目往往会鼓励处于痊愈期的人去跑步或进行其他锻炼。医学博士约翰·拉蒂（John Ratey）在其著作《运动改造大脑》（Spark）中写道："作为一种治疗方法，锻炼对大脑的作用是自上而下的，迫使成瘾者去适应新的刺激，从而让他们学会并且欣赏别样且更加健康的情景。"用跑步代替喝酒是种非常有效的方法，以至于这样做了的人都会打趣说自己是对跑步而非对酒精上瘾。

希瑟·约翰逊或许不会说自己对跑步上瘾，但她就是一个用跑步来帮助克服药物滥用的例子。

"我从 1998 年开始跑步，那一年我停止了将酒精作为控制焦虑、缓解恐慌,并赖以维持生活的依靠。"这位缅因州南波特兰的居民说,"在我戒酒的第一年,我被压抑的肾上腺素实在太多,我头脑里不停地想着重新喝酒,我不得不做些什么。我开始每天走路,发现自己走得不够快不够远,便开始了跑步。"

约翰逊在过去的20年里一直保持着清醒,她参加马拉松比赛,成为3个孩子的母亲,并从事着市场营销工作。过去她靠喝酒来控制毕生的焦虑,而现在她开始跑步了。

跑步不仅让约翰逊松了一口气,还让她在管理焦虑方面进行了健康的实践。"不停地跑步让我处于一种必须'熬过去'的境地,"她说,"这很奇怪,但跑步可能比我做的任何事情都更让我感到焦虑。督促自己和接受未知是一种连续的实践。我敢肯定,它创造了新的神经通路,这些神经通路已经自发地应用到了我生活中的其他领域。"

跑步同样帮助瑞安·拉斯本克服了酗酒问题。这位芝加哥居民说,他在大学里是一个很典型的酗酒者——"一周里面什么都不做,把所有的功课都做完,然后就是喝酒。"他开始就业后,还继续着这样的模式,"但在越来越多的周末夜晚,这种模式开始缓缓蔓延开来,在这里喝一两杯,又到那里喝一两杯,后来到了每晚喝四五杯酒,周末仍要狂饮的地步。"

正如我们在第5章中看到的,拉斯本在高中和大学时有时候会服用抗抑郁药物,所以他清楚抑郁是个问题。但他忽视了这一点以及他酗酒的严重程度。他表示:"我就是这样想的,这才是我,这就是让我变酷的东西。"在一位恋爱对象发出最后通牒后，拉斯本的生活方式发生了很大的变化，包括恢复了高中和大学时的跑步习惯。跑步有助于保持积极状态——饮食更规律，人际关系更良好，自我形象更佳，体重也有所减轻——5 年多来，他成功地摆脱了酗酒问题。

"我和酒精之间出现了一种完全不同的关系，"他说，"现在我能够在吃饭的时候喝一杯酒，或者去酒吧喝上一两杯。我不再担心局面失控，因为这都是自然而然发生的事情。"

然而，并非所有跑步与酒精的故事都这么简单。

为什么跑得越认真，酒就喝得越凶？

20 多年前，弗吉尼亚大学（University of Virginia）与迪恩医学中心（Dean Medical Center）的一项研究发现，跑步者比不跑步的同龄人喝酒的量更大。平均而言，男性跑步者每周喝的啤酒的量是非跑步者的 3 ~ 4 倍。

佛罗里达大学的研究人员在回顾关于这一主题的现有研究时发现，任何年龄段的饮酒者都比不饮酒的同龄人更加活跃，饮酒和锻炼时间共同增加。[11] 研究人员也承认："研究结果与研究人员的假设背道而驰。"宾夕法尼亚州立大学的一项研究发现，在个人水平上，活动与饮酒水平之间存在正相关关系——研究追踪的人在锻炼的日子里喝得更多。[12] 依据弗兰克·布鲁克斯的说法，大约 10% 的人口将出现程度严重到需要干预的药物滥用问题。结合上述研究，你会发现跑步和饮酒的交集或许不同于拉斯本和约翰逊的经历。

来自马里兰州威斯敏斯特（Westminster）的史蒂夫·卡尔塔利亚（Steve Kartalia）如此描述了两者关系的另一种可能性："头一天晚上我喝太多时，便会想：'我仍然能控制住——我起床后可是跑了12英里。'"这是跑步的酗酒者自欺欺人的看法，他们认为自己没有问题，因为他们从来没错过一天的锻炼。

正如临床心理学家劳拉·弗雷登多尔指出的那样，在社会各个领域处于较高水平的人，都存在物质滥用的问题。在其中一些领域，比如创造性工作、食品服务或销售，其背后的行为也是文化的一部分。而在其他一些领域，比如跑步，其中的这种相关性可能更令人费解。"没错"，当我问布鲁克斯是否对跑步者的严重药物滥用感到惊讶时，他这样回答。

如果你足够了解跑步历史，你就能够想到在跑步文化中，大量饮酒为何能够得到容忍甚至纪念。我之前提到了啤酒帐篷、酒厂活动赞助，以及对啤酒赛跑的正面报道（可这实际上就是一边豪饮一边跑步）。

而在精英阶层，弗兰克·肖特（Frank Short）在赢得1972年奥运会马拉松冠军的前一晚喝了两升德国啤酒，这是非常出名的。人们普遍认为，马拉松前美国长跑纪录保持者史蒂夫·普雷方丹（Steve Prefontaine）在1975年车祸去世时处于醉酒状态。1972年奥运会奖牌获得者、1983 年纽约市马拉松冠军罗德·迪克森（Rod Dixon）说：
"我只想像动物一样，无休止地喝啤酒和训练。"

这并不是说迪克森或其他那个时代的人有饮酒方面的问题 [尽管马拉松前世界纪录保持者史蒂夫·琼斯（Steve Jones）早在 15 年前就戒酒了，并且正在创作一本书，其中会讲到与酒精有关的过往细节]。但是我们不能忽视，大量的跑步者只是适度饮酒，只因发现喝啤酒是一种令人耳目一新的运动后狂欢。

值得注意的是，至少自 20 世纪 70 年代的第一次跑步热潮以来，酒精就自然而然地存在于与跑步相关的出版物和跑步者群体中了。20 世纪 80 年代，卡尔塔里亚还是一名高中生和大学生跑步者，在 10 000 米跑和马拉松比赛中，分别以 28 分 32 秒和 2 小时 18 分的成绩创下个人纪录。他说："成为一个酗酒者和跑在赛道上的混蛋，这似乎是一件很受尊重、很酷的事情。"

英国的一项研究揭示了为什么刻苦训练和酗酒可能共存。研究发现，当人们做了导致自己精力耗尽的事情，或者在自控资源暂时耗尽时，就会喝得更多。[13]

这样的自我耗竭有可能发生在一项竭尽全力的心理或身体任务之后。这种情况可以用跑步领域的术语表述为"我花了一天的精神资本来完成了这场赛道训练。现在是喝点米勒（Miller）①的时候了"。

当你每周跑 100 英里，每隔几天还进行一次艰苦的训练时，你

---

① 美国知名酿酒公司。

很容易就会产生这种感觉。你还可以如此考虑，荷兰的一项针对
19 000 多对双胞胎及其家庭成员进行的大规模研究发现，经常锻炼
的人在"感觉寻求"（对新经历的兴趣、对无聊的易感性等）方面得
分较高，这都与饮酒有关。[14] 从根本上说，我们跑步的人并非许多
久坐不动的人所想的那样，都是冷酷的清教徒。

跑步者大量饮酒的心理基础可能还在于另一个方面，这同时也
解释了为何这种行为在人群中是正态分布的。

跑步跑得越认真的人越有可能因为酗酒而陷入麻烦：更好的处
事方法、一旦要做某事就应该全身心投入的心态，以及一种探索
极限而不满足于"足够好"的倾向。中庸的人往往不能赢得比赛。
弗雷登多尔说："我们并不想把这种强迫症与突破极限的热情相提
并论。"

接着就是抑郁和焦虑。对饮酒者或跑步者生活的非此即彼的观
点，并不能反映出不少人的际遇。那些对用一种方法取代某种成瘾
状态的尝试的讥笑，忽视了鱼与熊掌兼得的方法的可能性：是的，
有些人希望从跑步中获得某种感觉，他们还希望在酒精的帮助下持
续并增强这种感觉。

还记得 20% 的抑郁或焦虑患者都有药物滥用的问题，以及反之
亦然的情况吗？据布鲁克斯所言，在他见到的那些通过滥用药物寻
求开解的人中，几乎所有人都具有潜在的抑郁和 / 或焦虑问题。真
的很难相信，这样的人在自我治疗的同时，还能依靠跑步来缓解他

们的心理健康症状。"就大脑接收到的结果而言，这两者非常相似。"弗雷登多尔说。

而这也是我多年来的经验。

运动能让你上瘾，也能帮你戒瘾

我从 1979 年念九年级时就开始跑步，那是在我第一次喝醉酒的几个月后。我清楚地记得那段时期的两次经历。一次是和我的朋友鲍勃（Bob）分着喝了 1 夸脱的麦芽酒，之后便惊讶地站在那里，一种不熟悉的快感涌上心头。第二次则是第一次跑完 10 英里后，我坐在门廊上，感觉到一种精疲力竭的喜悦，那也是一种全新且令人欢喜的东西。

在第 4 章中，我提到了心理学家威廉·詹姆士开创性地提出"正功能"这一术语。接下来是这个术语首次被应用的一段前后文："毫无疑问，酒精对人类的影响，是因为它有能力激发人性中的神秘力量，这种力量通常会被冷静的事实，以及清醒时刻的无情批评压到谷底，"詹姆士写道，"这种情形令人衰颓、彼此藐视并且说'不'；醉酒则令人膨胀、团结，然后说'是'。事实上，醉酒是人的正功能的极大激励者。"

在很长一段时间里，詹姆士的那句话就是对我和酒精关系的描述。你可能会认为我是个热情的社交型酒鬼。我大部分时间都不喝酒，我不会独自喝酒，家里不存酒，也不会计划着喝酒。和大多数人一样，我可以接纳酒，也可以不碰它。

但是当我喝酒的时候，天哪，那可真的很享受！在这种影响之下，我更加喜欢自己身上的一些东西了：我更善良了，不再刻薄，更加慷慨，也更能宽恕别人的缺点了。那种嗡嗡的震动就像我跑步时常有的感觉一样——一种增强了的感官体验，一种短暂、愉快的脱离日常现实的感觉。

在那段时间里，做一个喜欢醉酒的认真跑步者并不容易引发问题。我偶尔会告诉自己，我会变成一个好酒鬼。这是一个十分奇怪的人生目标，因为我从来不会怠慢学业、工作或跑步。大学二年级的时候，我在半程马拉松比赛中拔得头筹，但仍然因从前一晚的醉酒中醒来而感到昏昏沉沉。

那年中有几次我喝醉了，可第二天却能跑得很不错。我轻松地跑了 10 到 15 英里，感觉轻盈而清爽，同时也在想："这到底是种怎样的抑制因素呢？"在傍晚时，运动后喝点啤酒——通常先不吃东西，可以加强嗡嗡的震动——第二天的感觉与吃了一顿丰盛晚餐并且早早睡去后的感觉没有什么不同。

我多少有点不知疲倦，在每周要跑 70 到 100 英里的那几年里，我真的非常健康；喝酒对我的身体恢复和改善没有什么明显的影响。在我 20 多岁的时候，还不断地设置阶段性目标，其中有一些让自己都很吃惊，比如 10 英里跑进 51 分 01 秒，或者 2 英里跑得比高中时候还快。我的许多跑友都与酒精有着同样的关系，包括明显缺乏负面影响。

威廉·詹姆士的结论可以总结为这样一句话："它是生活中更深层次的神秘和悲剧的一部分，我们立即认为它是一种美好的东西，它散发出来的光芒，应该只在它的短暂的早期阶段才会被我们感受到，而它整体上却是堕落的毒药。"

在我 30 多岁的时候，我从在状态好的时候才喝酒，变成了为了让自己感觉好点而喝酒。一张 Spot 1019 乐队的旧专辑，《这世界欠我一个振动》(*This World Owes Me a Buzz*)，常在午后时分跃入我的脑海。那时我已被诊断为心境恶劣，需要经常服用抗抑郁药。

在理智上，我知道经常服用中枢神经系统抑制剂，对我的心理健康来说是最糟糕的事情之一。但是，在正功能的影响下，以前那些看似不计后果的时光变得极其诱人。

这当然意味着要喝得更多，才能达到同样好的效果。当我开始意识到别人注意到我喝酒了的时候，我便更加频繁地喝酒，甚至为了更快产生效果，我开始更频繁地独自喝酒。就像卡尔塔利亚一样，我告诉自己，我已经将自己的饮酒控制住了，因为我并没有耽误跑步或工作。

我知道这是在自欺欺人。我会在网上参与"你有没有过度饮酒"之类问题的测试（"你是否感觉自己应该戒酒？""有没有人对你喝酒的抱怨令你恼火？"），并通过（或不通过，取决于你如何看待它）

测试。我总能想出一个"是啊,但是……"这种句子作为回答。例如,人们做了很多让我烦恼的事情,可这为什么意味着我有酗酒问题呢?但到了非防御性的坦诚时刻,我其实知道真相是怎样的。

随着情况的继续恶化,我开始偷偷地喝酒。我会把一瓶50毫升的伏特加藏在阁楼或衣橱里,这倒是很容易藏起来的。后来,我妻子意识到了,我便把酒藏到屋外,通常是我会在跑步的最后一英里时停下来的那个地方。那时我对自己深感厌恶,不只是因为我花了不少时间和精力去思考喝酒的事,更是因为我常对妻子撒谎,令她失望。很长一段时间以来,事情显然一直朝着错误的方向发展,未来看上去更加灰暗。

在2008年感恩节的前一天,我和布鲁克斯进行了第一次会面。在经历了比我跑步时经历过的任何事情都要困难的几个月后,我在2009年夏天戒了酒。

在某种程度上,跑步与喝酒是密不可分的。跑步者身份在戒酒的过程中,起到了很大的作用。

布鲁克斯建议我采用认知行为疗法,在任何一天都能成功地不去喝酒。例如,当"这个世界欠我一个震动"的想法出现时,我便会去审视它。这种想法背后的原因是什么?它正确吗?有时我会对自己说:"别再顾影自怜了。你很健康,你娶了你能遇到的最好的人,你没有穷困潦倒,也不再可能陷入贫穷,你无须在办公室工作,冰箱里还有冰激凌。"

　　我常常会作出决定："是的，酒后的你确实会比之前几小时感觉更好些。但是，酒精是实现这一目标的正确方式吗？证据很确凿，并非如此。即使你喝酒后感觉很好，也可能只会持续 20 分钟。今晚喝酒的话，并不能达到最佳的成本收益比。"

　　我在第 7 章的主要观点，就是跑步者总会自然而然地使用认知行为疗法。如果我们每次感觉跑得太远或太快，或者面临日程安排和天气的挑战时都放弃，那么我们就无法在这项运动中坚持很长时间。几十年来，不立即赞同任何想法的经验，使我相比于没有经验的人，能够更轻易地将这项技术运用到戒酒这件事上。

　　跑步帮助我戒酒的第二个关键方法是，我发扬了"要么全有，要么一无所有"的心态，鼓励自己跑步也是为了改善状态而非治病。一开始，我试着回归到微量的社交饮酒状态。这却引发了一个永恒的自问：再喝一杯啤酒可以吗？4 天前才喝了啤酒，又喝一杯葡萄酒是不是饮酒太频繁了？如果明天我们又去参加另一场聚会，会发生什么事呢？我为什么要喝酒呢？对这些问题进行深思熟虑，比喝酒带来的任何乐趣都要复杂得多。所以，我把我的目标转向了没有酒精的生活，可实现这一目标所需的心态却永远那样熟悉。

　　几十年前我意识到，除非受伤或生病，否则我做到每天都跑步是很容易的；我只要考虑何时何地跑步，而非要不要跑步。将这种思维习惯迁移到戒酒上，则意味着我不会浪费任何精力来决定我今天是否要喝酒。

最后，跑步教会了我如何在努力实现长远目标的同时，克服当下日常的困难。跑步需要你相信自己的努力会有回报，尽管挫折和徒劳十分常见。

马里兰州大学的大脑研究者 J. 卡森·史密斯博士说，经常跑步能够增强心理的韧性，同时大脑也会变得更强健。"你早已经历过很多状况，因此你不得不强迫自己，你已经与逆境过招，甚至受过伤或刚从伤痛中恢复，所有这些事情都在让你败退。"他说，"不过你已经渡过了难关，并且取得了成功，或至少继续了下去。我们希望，那些时刻便是我们在艰难处境中吸取的人生教训。"

我第一次戒酒的时候，变得比之前很长一段时间都更加沮丧。布鲁克斯告诉我，几年来，我大脑的激励系统或多或少地荒废了，需要重新来学习如何工作。

我知我所经历的事情的严重性是暂时的，就像在艰苦的训练中坚持下去一样，我会在其他方面变得更强。在此期间，我增加了跑步的里程，并更常与朋友一起跑步，以此来获得更多的日常情绪改善。晚上吃一大块巧克力曲奇也是有帮助的。几个月后，对抗酒精的诱惑变得容易多了，因为我不再想喝酒了。

我希望自己也可以报告称，不再喝酒后，我的跑步能力有了很大的提高。但除了不再常常因为脱水而醒来，我并没有注意到太多的变化。不过，我的生活却得到了极大的改善。

最主要是我感到了解脱，因为从前占据了那么多时间和精神空间的思想和行为，不再是我的一部分了。与此同时，20 年前和我一起跑步和喝酒的大多数人，仍然保持着对这两件事的热衷。除了卡尔塔利亚（顺便说一句，她并没有抑郁或焦虑问题），他们所有人都拒绝公开和我谈论这个话题。但是请相信我，每天早上跑 10 英里，晚上喝 6 杯啤酒真的是一件很重要的事情。

可能看到之前几页，就已经超出了你对篇幅的忍耐极限了。然而出于以下几个原因，我想深入到细节的层面。首先，因为我想要努力消除对于饮酒问题公开的污名化。其次，我想将其作为我们常听到的、将运动和成瘾割裂开的二元论的反例。最后，我想将其作为一个提醒，尽管跑步是控制你抑郁或焦虑的有力工具，但它不一定是万灵丹。而最后一条见解——跑步对心理健康到底能起到什么作用、起不到什么作用？这是本书最后一章的主题。

RUNNING IS

MY THERAPY

RUNNING IS
MY THERAPY

突然有一天，我出于喜欢开始写小说。又有一天，我出于喜欢开始在马路上跑步。不拘什么，按照喜欢的方式做喜欢的事，我就是这样生活的。纵然受到别人阻止，遭到恶意非难，我都不曾改变。这样一个人，又能向谁索求什么呢？

《当我谈跑步时，我谈些什么》

每天凌晨 4 点起床，写作 4 小时，跑 10 公里的日本当代作家

村上春树

第12章

跑步与你的关系

由于想要拯救这个世界，我和妻子决定重新利用我们储存起来的塑料袋。这需要把袋子冲洗干净，然后把它们挂在水龙头上晾干。

2011年2月的一天晚上，我正洗着袋子，中途突然停了下来。我把手放在柜台上，低下头，叹了口气道："我不能再这样做了。"我跌跌撞撞地走出厨房，躺在了我们的床上。

这件事过后第二天，我约见了心理医生。两年前，弗兰克·布鲁克斯陪我克服了酗酒问题，之后我们仍会定期就抑郁的根源问题与对方见面。我开始讲述我洗袋子时感受到的危机，并觉得这越来越荒谬，于是说出了更多的故事。我停顿了一下，说道："我的意思是，这不仅关乎塑料袋，还关乎……"布鲁克斯打断我的话："斯科特，这从来都不关塑料袋的事。"

重复使用塑料袋对环境保护毫无意义，反而让我不堪重负，就像我在九年级时读到"蜉蝣的24小时生命周期"时所感受到的细胞层面的悲伤一样。

蜉蝣的事可能把我搞糊涂了。而洗袋子事件唤醒了我。我当时已经具备了足够的抑郁经验，知道那是一个警告，意味着事情失去了平衡。一次，我在全职工作的同时写着一本书，试图以此度过缅因州的冬天，在经历那五花八门的中年生存危机时，和布鲁克斯谈话，以及和朋友们一起跑步都不足以缓解。当我听到"这从来都不关塑料袋的事"，这句话引发了一场讨论，话题重新回到了抗抑郁药物上。

贯穿整本书，我们都看到了抑郁或焦虑的人开始跑步的深远好处。要不是在 1979 年发现了这件事，我的生活将会糟糕到无法估量的地步。然而有时候，仅仅跑步是不够的。

就像那个提醒你她对你的幸福没有责任的配偶一样，跑步应该仅仅被看作提供支持的源泉，而不是把你的幸福全盘外包给一个什么东西。在这一章中，我们将看看如何保持正确的视角，以及了解在何时需要采取跑步以外的方式来管理你的心理健康。

跑步不能治愈一切

很多人有能力通过跑步来调适自己的抑郁和焦虑。在第 5 章中，我们提到了一些跑步者，由于各种原因，他们决定不再使用抗抑郁药物了。另一些人放弃了咨询，因为他们认为自己可以自行将症状控制在合理的范围内，而不再需要花费时间、金钱和精力去接受常规治疗。

坦帕市的律师塞西莉亚·比德维尔从未得到过正式的焦虑诊断。在研究了自己的症状后，她与自己的妇科医生讨论了这些症状，妇科医生认为比德维尔描述的症状看上去像是焦虑。比德维尔谢绝了妇科医生让她到专科医生那里就诊的建议。

在接受一个小手术之前，比德维尔告诉麻醉师，她有时会感觉自己的心脏在冲刺。"他看着我的心脏说：'你的身体状况很好，我希望自己经手的每个人都能像你一样健康。可我确实认为你有焦虑性障碍。'"

比德维尔后来和一位精神科医生朋友讨论了她的症状，"如果我不跑步，就无法控制它，但我要是能够每天出去跑一个小时或者一个半小时，并保证足够的睡眠，我便能够控制住局面。"比德维尔一直对其他的干预措施持抵触态度。"这是某种关于'我是谁'的问题，"她在谈到自己的标准心理状态时说，"我不想将其稀释掉。只要我能够正常跑步和睡觉，就能够处理好这件事。"

来自弗吉尼亚州安嫩代尔的里奇·哈夫斯特也将跑步作为他的主要治疗方法。30多年前，他会不时服用抗抑郁药物，也会和心理咨询师谈话，以解决十几岁起就一直伴随他的抑郁问题。他并不喜欢药物的副作用，原因包括体重增加可能会影响他在自己年龄组中的竞争力。更广泛地讲，"我不希望服药成为我的生活常态——我希望能有一个安全网，以防我产生越轨行为。"

在军队里，哈夫斯特并没有与任何治疗师建立长期关系，因为他经常调动。"如果我到了一个新的地方，就必须从头开始向一位新的医生解释我的情况，并从零开始经历整套程序，"他说，"这样的做法很令人沮丧，尤其是在我情绪低落的情况下，所以我并没有这么做。"他的妻子詹妮弗（Jennifer）说，哈夫斯特还有另一个令人不快的地方，即使现在他已经在一个地方安定下来了："有一点是有益的，但也有一点是与有益背道而驰的。那就是他又要面临在前一个地方让他抑郁的东西了。"

这既不是跑步的失败，也不是说跑步者要考虑额外的治疗。"我有自己的偏见——我喜欢跑步——但我不想说跑步就能够治愈一切。"临床心理学家劳拉·弗雷登多尔说。

正如一项全面的培训计划要包括各种互相补充的要素一样，一些研究发现，当运动与药物和/或专业咨询相结合时，效果会更好。[1]这些研究通常涉及那些正在接受传统治疗但仍受到抑郁或焦虑影响的人。然后，一些受试者开始定期锻炼，并在短短 6 周内显示出症状和功能的改善。我们有理由认为，相反的顺序——在已经建立的跑步方案中添加其他治疗方法——可能也会同样有效。

将跑步纳入自己的实践中的治疗师塞比德·萨雷米说："我只关心最低剂量的底线。如果跑步有效，那就开始跑步。但有时跑步确实是不够的。当我产后很沮丧、不能跑步时，我接受了很多治疗。我现在重新开始跑步了，同时也在继续治疗。我赞同人们去获得自己需要的东西，无论它看起来是什么样子，我都认为很不错的。"

跑步 的力量

断定在何种情况下无法仅靠跑步应对精神健康问题，通常是一个主观判断问题。临床精神病学家和跑步者布赖恩·瓦齐说，进行评估的一个关键问题在于，你在日常生活中的表现如何。"你能做好你需要做的事情、深度体验你所希求的生活吗？"他说，"你是否体验到了欢乐和愉悦？你是否感觉自己真正投入社交之中？你觉得自己的生活有意义吗？你觉得自己是一个对社会有用的人吗？"

弗雷登多尔还说，生活质量是最好的指南。"如果跑步还不够，可能是因为你的人际关系还没起作用，可能是因为你的体重正在下降或增长或你睡不着觉，也可能是因为你无法控制愤怒、无法在工作或学校中表现出色。"她说，"与你自己或他人就生活中发生的事情进行些对话是非常重要的。一个客观的观察者能够提供极大的帮助，他可以问你：'你还是感觉不好吗？难道是因为锻炼还不够吗？'"

瓦齐承认，决定什么时候用其他方式补充跑步，也是很有挑战性的。"如果一个人长期以来一直在应付焦虑或抑郁，他便可能已经发展出了应对和管理的方法，这样他们就能很好地工作。"他说。终身受苦的人可能并不了解任何其他应对世界的方法。

关键之一就是你机能上的改变。当我因洗塑料袋而面临生死危机时，这便是不可否认的证据，它意味着有些东西发生了变化。在过去几年里，对我有效的方式——跑步、定期的治疗和无酒精的生活——已经变得不够了。

"只要人们活着，就会面临压力、损失和难以应对的生活事件，"

226

瓦齐说，"这可能导致一些症状产生，如果这些症状持续数周以上，便会被诊断为一种疾病。若是此刻我的工作出现问题，而我的母亲刚刚去世，我又因为受伤而无法跑步，那么我便会无法入睡，会变得更易怒。如果你在上述情况下出现了这些症状，那么你就需要考虑额外的帮助。"

你是否对跑步过度依赖？

一个可能导致超乎寻常的症状的事件，便是你因为受伤而失去你的利器——跑步。这时你几乎不可能不去做最坏的打算。当然，你以前也受过伤并且克服了它，但这次与以往不同，这件事或将标志着你为自己设想的跑步生涯的结束。更加令人焦虑的是，你以往的心理健康的主要来源，现在却成了焦虑和痛苦的主要来源。

所有的跑步者在受伤时都会产生这种感觉，特别是当伤势严重到必须花些时间才能痊愈的时候。

2017 年，一项关于"运动逃避"的研究回顾了当人们突然停止运动时，他们的心理健康发生了何种变化。[2] 这项研究聚集了一组经常锻炼的人，他们说服了其中一半人自愿不做任何运动，持续时间从 1 周到 6 周不等。接着进行一项思维测试：如果让你 6 周不运动，你会付出怎样的代价？

研究人员发现，突然停止运动的受试者们持续地表现出了抑郁症状，"包括疲劳、紧张、困惑、自卑、失眠和易怒"，以及普遍的焦虑增加。研究人员还发现，对于经常锻炼的人来说，长时间不锻炼会导致更多的上述症状，而两周似乎标志着一个重要的开端。

请记住，这些人都是自愿停止锻炼的。当停止跑步并非出于自愿时，你的伤痛反应很可能会更强烈。此外，你认为跑步对自己的健康越重要，你的戒断症状可能越严重。

巴西的一项关于高度投入与更随意的跑步者的研究发现，在连续两周不进行锻炼的情况下，第一组受试者比第二组更易变得抑郁、愤怒和疲劳。[3]

你是如何区分哪些受伤后的忧郁是可以接受的，而哪些或许意味着你为了心理健康而过度依赖跑步？前者的一个例子，是弗雷登多尔与一次长时间的腿筋损伤的较量。

"我从来没沮丧过。"弗雷登多尔说，"但当我一连 3 个月无法跑步的时候，我确实发现工作变得更加困难了。虽然我仍旧热爱我的工作，但我无法集中注意力，还有点疲惫。"这与克里斯汀·巴里直言不讳的说法形成了对比，她通过跑步来管理抑郁。"我太依赖它了，"她说，"如果我因为受伤而不能跑步，我有时会感到很难过。这绝对是不健康的。"

根据布鲁克斯的说法，如果这种感觉严重到影响了你的生活，你便可能是过度依赖跑步来支撑你的心理健康了。"理想情况下，无论发生了什么，你的情绪都应该是稳定的，包括跑步时。"布鲁克斯说，

"如果某些事情突然停止，你也不应该陷入抑郁或感到更加焦虑。你可能会感觉不大健康，你可能会感觉'我真的很想念它'，但它还是不应该对你的情绪产生太大影响，以至于让你的身体功能也受到过大影响。"

可能你已经有证据表明自己是否过度依赖跑步。根据弗雷登多尔的说法，即使受伤也要训练是因为你害怕沮丧或焦虑，这表明你过度依赖用跑步来管理你的心理健康。"这是一种迹象，表明发生了一些值得关注的事情。"她说。

阿米莉娅·加平很好地阐述了这种情况，"对于一个依靠跑步来维持精神健康的人来说，你受伤时首先想到的便是'哦不，我现在该怎么弥补呢？'，这不仅是因为你没有跑步，短期内也不能跑步，还因为你脑子里在想'现在我没有在训练，就离我的目标更远了'。你产生了这些新的想法，便开始滋长抑郁和焦虑，进而使事情变得更糟。"

"我并没有很好的方法来处理这个问题，"加平说，"最糟糕的在于，很多时候我本不应该跑步，但这种感觉还是会迫使我跑步——我要么不顾伤病去跑，要么就是不去管这些预警信号，告诉自己'我会躲过一劫'。要是我足够聪明，或者身体没有其他问题，或许就更可能会休息两天，而不会让事情雪上加霜。"

精英超级马拉松选手罗布·克拉尔也承认，他有时会因为依赖跑步来帮助治疗抑郁，而将自己推到伤病的边缘。"我 41 岁了，已经跑了很多年，所以我觉得自己身上总会有一些小问题发生，需要关注一下。"他说，"对我来说，在大部分时间里感觉不错是很重要的。而为了让自己感觉良好，我愿意冒更大的风险，即使我正在做一些别人可能会专门抽时间去做的事情。"

克拉尔说，这些年来，他基本上学会了如何获得适度的平衡。"我现在更加清楚自己什么时候会越轨，什么时候出去跑步只会让事情变得更糟。我的幸福不能仅仅靠跑步。认识到这一点对我来说非常重要，它可以帮助我在训练和比赛中最大限度地降低受伤和跌倒的风险。"

跑步时受伤是种必然的结果，因为你需要跑几英里来控制你的情绪，但跑太多的话，连你的跑步本身都会受到影响。阿里·诺兰在2014年至2016年期间便经历了这样一段时光，"我痴迷于跑步，我认为自己会感到如此沮丧、如此焦虑、如此失控，就是因为没有付出足够的努力或足够的时间。2016年春天，我一天要跑两次，因为除了跑步，我做什么事都不能集中精力，那时我开始感到精疲力竭了。我注意到自己的应对机制或许根本没用。跑步本身正在变成强迫和焦虑的根源。"

在墨西哥度假时，诺兰终于崩溃了。她开始服药，也开始重新审视自己与跑步的关系。"现在，我对每天的跑步里程和训练计划要放松得多了。而当我需要休息或集中注意力时，还是会采用跑步的方式。"诺兰说。

跑步不是生活中唯一需要你努力的事

你跑步时并不一定要为自己规划一条路线，让自己过度依赖它。事情可能会向相反的方向发展，跑步过于顺利，会让你有意识地对自己的余生熟视无睹。

我 20 多岁时度过了跑步最快的几年。我发现，设定一个超越自我的目标所带来的动力远比竞争更重要。就我当时的水平而言，我在比赛中的表现主要取决于比赛的对手是谁——而更重要的却非如此。有时我会夺冠，有时我只能得第 12 名，有时我能进前三。有些人是我"应该"打败的，但这并不是因为我天生就很有竞争力，也不是因为我觉得自己比他们优越。

他们通常会跑在我后面，所以除非我看到他们最近发生了很大的飞跃，否则如果他们打败了我，便意味着我那天发挥失常了。这种仅因为追求相同的目标就要去征服他人的内在需求，并不是我的个性弱点。

那跑得比以往任何时候都快呢？对我来说，这是非常吸引人的。我一旦把自己的 10 000 米成绩提高到 31 分 40 秒，就会设定打破 31 分钟的远大目标。

高中时，我的第一个重要目标是 1 英里跑的用时突破 5 分钟。而 10 000 米跑进 31 分钟，就意味着要用这样的速度跑完 6.2 英里。在高中毕业后的 10 年里，我都很乐意看到比赛的数据，同样也很关注自己水平的提升。

我知道要实现这个目标，就需要提高我的里程速度。几个月后，我到了可以每周跑 100 英里的程度，同时仍坚持每周两次的艰苦锻炼和周末长跑，速度与我过去几年中每周跑 70 到 80 英里的速度一样。1991 年秋天，当我在 10 000 米公路比赛中以 30 分 57 秒的成绩跑完全程时，我的那种欣喜若狂与其说是兴奋，还不如说是实现了个人有意义目标后的一种平静的内心满足。

付出努力以打破 31 分钟，让我在跑步时感觉几乎所向披靡。通常我只是以大约每英里 6 分 30 秒的速度前行，一直到跑完全程。跑步对我来说一直是一段特别的时光，而现在每天一到两次的跑步常常能成为我的高光时刻。在我的生活中，我感到了一种比其他任何东西都更令人满意的掌控感。

而这就是应该警觉的地方了。理论上，我从跑步中获得的力量，对我生活的其他方面也会有帮助。当工作、人际关系或者某些平常事务看起来毫无意义或停滞不前的时候，我应该有能力告诉自己保持希望，继续埋头苦干，因为在我跑步的过程中发生的事情也可能在其他地方发生。

相反，我忽略了另一些事情。当我感到那种熟悉的、对更令人满意的生活的渴望破灭时，我会对自己说："得了吧，你都破了 31 分钟了——事情还能有多糟呢？"因此，我经常在大部分的非跑步时间里感到很痛苦，包括试图入睡的时候。

看到生活中其他方面缺乏进步，促使我更加专注于跑步，这是我一直觉得自己有能力让世界变得如我所愿的一个领域。在工作中，我会考虑到哪里跑步、要跑多远，以此来打发时间。在周末，我很高兴开车到很远的地方去和别人一起跑步，因为那样我就要到中午才能回家，这意味着离下午跑步的时间更短了。

我的"跑步者幻想训练营"从一个高潮开始走向了尾声。1993年3月，我在当地著名的20 000米赛中赢得了一场胜利。我决定就此保持积极的势头，目标是超过我生命中跑得最多的一周的里程，123英里。6天后，我跑了108英里。

不幸的是，同样是在6天后，3月中旬的一场反常的暴风雪袭击了华盛顿特区。早上，我跌跌撞撞地滑过了荒唐的11英里，晚上又如此滑过了更加荒唐的6英里，最后以125英里的里程结束了那一周。我非但没有庆祝这一成就，反而决定在接下来的一周里要超越这个里程。

第二天，当我在光滑的道路上跑了大概20英里后，右跟腱开始抽搐起来。第三天，我一瘸一拐地跑步，疼得要命。不到48小时，我就从力量的巅峰沦落到了静止不动的状态。

随着"零英里日"的持续，我陷入了深深的沮丧之中，更糟糕的是，我交往多年的女友把我甩了。我记得我躺在床上看着融化的暴风雪淹没了公寓的地下室，心里想着："太可惜了。真希望我有足够的关心来为这件事做点什么。"

培养你与跑步的良好关系

我想我现在能够换种方式来应对这种失望了。事实上，在 2013 年，我接受足部手术期间，前后有 5 个月没跑步，而身体机能一直保持在一个可接受的水平上。倒不是因为我不再像 25 年前那样在乎跑步。如果非说有什么不同的话，那就是当下我比以往任何时候都更珍惜跑步了。

身为一名患有抑郁的跑步者的时间越长，就意味着我更清楚地了解自己的婚姻、朋友关系、工作和身体健康，当然还有心理健康，这一切的情况都比我强迫自己每天跑步平均 1 小时的日子里要好得多。

身为一名抑郁的跑步者时间更长，也让我在爱跑步的同时不会再压抑自己。这由我自己决定，而不是由跑步、伴侣、工作、小说、音乐或其他任何东西决定——培养出一个最好的斯科特，这是我用神经化学方式加工出的最棒作品。

和任何良好关系一样，跑步也是需要培养的。我在这方面的上一次显著失利，是在将近 10 年前。一年多来，我一直在努力克服脚痛的问题，那主要是因为我跑得太多，需要缓解压力，而在此之前，我认为只有跑步才能缓解压力。

出于一些现在对我来说毫无意义的原因，我决定参加一场马拉松比赛，这是我十几年来第一次参加。2012 年的费城马拉松比赛，对我而言，又是一场后半程的惨败。在最后几英里的赛程中，我跑得像个僵尸，我的脚伤势更重了，但我还是想利用在马拉松比赛中浪费的体能，并尽快回到正常的训练中去。很快，我跑步时就变得一瘸一拐了。

每一天，我的脚的状况都让我更加沮丧，因此，我每天都出去跑步以暂时缓解这种抑郁。到了那年 1 月，事情变得极度糟糕，我终于清醒过来：不能再跑步了。

2013 年 4 月，我做了腓骨肌腱手术，骨科医生告诉我，我一周跑步的里程再也不可以超过 20 英里了。这是一个令人沮丧的预言，因为自 1979 年以来，我的平均里程已超过了这一数字的两倍。我当时没有在康复室里发誓要证明他是错的，但我很确定他的预言并没有相关数据的有力支持。我希望能够回到以前的状态，每天跑 1 小时，来带动剩下的 23 小时的进步。

从那时起，我每年最高的跑步目标就是"不因受伤而缺跑"，这个目标是不对自己身体的痴迷或忽视，尽管听上去像是一种痴迷或忽视。如果疼痛或紧张影响了我的正常步幅，那我就不跑了。我已经一劳永逸地意识到，勉强为之会让长期伤痛的可能性增大，尤其是在当下，我的终生里程已经超过了 110 000 英里。

相反，"不因受伤而缺跑"实际上也是"恢复跑步吧，它可以继续帮助你"的另一种说法。这也是我把自我照顾融入日常生活的方法。伸展、力量练习、瑜伽、跑步体态练习、不坐太久、好好吃饭、保持理想体重，以及不过度劳累——这一切都帮助我获得了能够支撑我的心理健康的跑步者身体。其中一些值得关注的领域，如饮食和睡眠，本身就有抗抑郁的功效。

"不因受伤而缺跑"也意味着不去承担由里程和强度的突然变化带来的不必要风险。然而，它也需要定期结合各种不同因素，包括距离、速度、路面、鞋子和单人跑或组队跑的选择来对抗身体和心理上的老化。

这套机制对我来说很有帮助。从 2014 年起，我仅仅因为受伤而缺跑了几天。在那段时间里，我平均每周跑近 60 英里，也第一次跑完了超级马拉松。更重要的是，我每天跑步时都收获了无与伦比的益处，积累了管理终生抑郁的经验，同时我觉得自己目前的跑步状态可以持续很多年。

3 月 1 日，在庆祝自己的跑步周年纪念日时，我满怀热情地回忆起许多与我一起跑步的人、我们一起跑过的道路，以及我们分享的对话和体验。我也期待着更长时间的共同探索。

我希望这本书中的一些观点，能帮助你找到一种类似的与跑步相处的方式，它令人满意也具有治疗性。在你更困难的日子里，我希望你在这里读到的一些东西能帮助你走出家门，让这一天变得更好。而感觉好起来的关键，就是迈出第一步。

用跑步管理心理健康的快捷提示

就改善短期情绪或缓解长期抑郁和焦虑而言，跑步总比不跑好，但有的跑步方式更加有效。以下是一些如何使跑步后的收益最大化的简要指导。第4章中有关于这些话题更详细的介绍。

跑多远：大多数研究发现，跑步30分钟后，情绪会有显著的提升。在较长时间的跑步之后，情绪的改善往往也会持续更长的时间。但是，20分钟的跑步比不跑步更接近90分钟的跑步。

我们应该避免过度纠结，或根本就不该去考虑跑步时长和里程的情况，比如一次"真正的"跑步必须至少有5英里，否则就不值得去做。

任意一天中最重要的一步都是第一步，那就是将你带出家门的那一步。在精神状态不好的日子里，你可以选一条灵活的路线，可以根据自己的感觉缩短或延长跑步时间。

跑多快：研究发现，中等强度的锻炼之后，大脑对快乐化学物质的获取增幅最大。从跑步的角度来说，这种强度就是你以可交谈的速度跑完每英里所付出的努力，但情绪不仅仅是大脑的化学物质水平。督促自己完成一项艰苦的锻炼，便可以产生一种设定并完成一个目标所需的感觉。

从另一个角度来看，你也要允许自己在特别艰难的精神状态下尽可能地放慢脚步。再强调一次，跑步最重要的一点，便是让它发生。

在哪里跑：与人口密集的人工环境相比，人们在自然环境中跑步时，通常会报告称他们得到了更显著的情绪改善（更加平静，也更好地减轻了压力、焦虑和抑郁）。

当然，日程安排和地理位置通常会妨碍你穿越跑步者的圣地。因此，尽可能多地选择拥堵最小、景色最美的路径。在时间允许的情况下，尽可能到优美的环境中跑步，以获得超乎以往的情绪提升。

什么时候跑：在你最有可能发自内心地想跑步的时段作跑步计划。很多遭遇抑郁和焦虑的跑步者尤其重视晨跑，因为这能帮他们定下积极的基调，为一天中剩余的时间树立成功的榜样。

和谁一起跑：假设你可以在单独跑步和与他人一起跑之间作出选择，那就选择当天感觉合适的那种吧。当你需要在一场特殊的跑步中让自己清楚地思考一个问题时，单独跑步便可以发挥最佳作用。

在忙碌的一天前后，单独跑步或许更能让人平静下来。

而当你需要从自己的内心独白中解脱出来，或者和你信任的朋友讨论一些事情时，便可以叫上其他人一起跑步。如果你感觉自己很难主动去锻炼，那就和其他人相约跑步，以此增加自己走出家门的契机。

为什么跑：通常来说，综合上述所有变量，会让你的跑步变得更有趣，也会让你更有可能坚持跑步，同时你也会收获更大的心理健康益处。每周进行不同长度、不同强度的跑步，也能帮助你摆脱"每天都是重复的"这种思维陷阱。

　　有那么一些人（其中大多数我都不认识），公开分享了自己如何通过跑步来管理心理健康。他们的坦率激励我更多地分享自己的经历。

　　本书中不同议题的几位专家，耐心解答了我那些奇怪得不着边际的问题。

　　潘特雷蒙·艾科卡基斯和劳拉·弗雷登多尔毫不吝惜自己的时间与知识。有人说过，一本书便是包含着至少一个错误的书页的集合。本书中的任何错误都是我的过失，与各位专家无关。

　　这本书的编辑是尼古拉斯·奇泽克（Nicholas Cizek），从我们的第一次讨论（时长90分钟！）开始，与他一起工作就绝对是一件令人愉快的事情。在那通电话之后不久，我在尼克与实验出版公司（The Experiment）的出版人马修·洛尔（Matthew Lore）的办公室里见到了他们，我知道我已经为这本自己构思了多年的书找到了合适的家。

　　是皮特·麦吉尔（Pete Magill）把我介绍给了尼克与实验出版

公司，他与这家公司合作过两本优秀的跑步类书籍。

艾莉森·戈尔茨坦（Allison Goldstein）在搜寻相关研究方面做得非常出色，无论我给她的任务有多困难。非常希望我们能够再次合作。

我的两个跑友，克里斯汀·巴里和朱莉娅·柯特兰（Julia Kirtland）在我们一起跑步的几英里路程中，耐心地听我谈论书中的话题。

缓慢下潜乐队（Slowdive）和乔治·菲利普·泰勒曼（Georg Philipp Telemann）创作了无可挑剔的音乐，使我能够在写作的间歇对思维进行重新整合。

这本书中出现的一些报告曾在《跑者世界》中出现过。莎拉·洛格·巴特勒（Sarah Lorge Butler）为此进行了巧妙的编辑工作。大部分材料都有了很大的改变，但仍有一些部分，我认为自己写的原话才是我心目中最好的表达方式。

最后，我在写这本书的过程中体会到，沉浸在书中的话题里并不能带来最好的心情。而在这段时间里，我的妻子史黛西·克拉普（Stacey Cramp）甚至比往常更加宽容、更加支持我。

史黛西并不必为我的幸福负责，但她和跑步是我的幸福的两个最主要因素。

斯科特·道格拉斯,《跑者世界》特约编辑。他也是《跑步时报》和《跑者世界》新闻频道的编辑。除本书外,斯科特还独著或合著过其他 8 本书,包括《纽约时报》畅销书《梅布的马拉松入门教程》(*Meb for Mortals*),以及长期广受欢迎的《你可以跑得更快》(*Advanced Marathoning*)。自从 1979 年开始参加这项运动,他已经跑了 110 000 多英里。斯科特如今住在缅因州的波特兰南部。

前言作者艾莉森·马里埃拉·德西尔,被《女性跑步》杂志(*Women's Running*)提名为改变跑步运动以及世界的 20 位女性之一,她是"跑在哈莱姆区"和"为每个女性而跑"的创始人,还是播客《(在跑步中)寻找意义》[*Find Meaning(on the RUN)*]的主播。

参考资料

第 1 章 跑步健身，更健脑

1. Paul T. Williams, "Walking and Running Are Associated with Similar Reductions in Cataract Risk," *Medicine & Science in Sports & Exercise* 45, no. 6 (June 2013): 1089–96, ncbi.nlm.nih.gov/pmc/articles/ PMC3757559.

2. Fernando Gomez-Pinilla et al., "The Influence of Exercise on Cognitive Abilities," Comprehensive *Physiology* 3, no. 2 (January 2013): 403–28, ncbi.nlm.nih.gov/pmc/articles/PMC3951958.

3. Ryan S. Falk et al., "What Is the Association Between Sedentary Behaviour and Cognitive Function? A Systematic Review," *British Journal of Sports Medicine* 51, no. 10, bjsm.bmj.com/content/51/10/800?etoc.

4. P. J. Smith et al., "Aerobic Exercise and Neurocognitive Performance: A Meta-analytic Review of Randomized Controlled Trials," *Psychosomatic Medicine* 72, no. 3 (April 2010): 239–52, ncbi.nlm.nih.gov/ pubmed/20223924.

5. A. Luque-Casado et al., "Differences in Sustained Attention Capacity as a Function of Aerobic Fitness," *Medicine & Science in Sports & Exercise* 48, no. 5 (May 2016): 887–95, ncbi.nlm.nih.gov/pubmed/26694844.

6. Benjamin A. Sibley et al., "The Relationship Between Physical Activity and Cognition in Children: A Meta-analysis," *Pediatric Exercise Science* 15, no. 3 (August 2003), journals.humankinetics.com/doi/abs/10.1123/ pes.15.3.243; E. W. Griffin, et al., "Aerobic Exercise Improves Hippocampal Function and Increases BDNF in the Serum of Young Adult Males," *Physiology & Behavior* 104, no. 5 (October 24, 2011):

245

934–41, www.ncbi.nlm.nih.gov/pubmed/21722657; Takashi Tarumi et al., "Cerebral/Peripheral Vascular Reactivity and Neurocognition in Middle-Age Athletes," *Medicine and Science in Sports and Exercise* 47, no. 12 (December 2015): 2595–2603, ncbi.nlm.nih.gov/pmc/articles/ PMC4644461; Stanley Colcombe et al., "Fitness Effects on the Cognitive Function of Older Adults," *Psychological Science* 14, no. 2 (2003), journals. sagepub.com/doi/10.1111/1467-9280.t01-1-01430.

7. Lorenza S. Colzato et al., "The Impact of Physical Exercise on Convergent and Divergent Thinking," *Frontiers in Human Neuroscience* (December 2, 2013), frontiersin.org/articles/10.3389/fnhum.2013.00824/full.

8. H. Tsukamoto et al., "Effect of Exercise Intensity and Duration on Postexercise Executive Function," *Medicine and Science in Sports and Exercise* 49, no. 4 (April 2017): 774–84, ncbi.nlm.nih.gov/ pubmed/27846044.

9. N. Zhu et al., "Cardiorespiratory Fitness and Cognitive Function in Middle Age: The CARDIA Study," *Neurology* 82, no. 15 (April 15, 2014): 1339–46, ncbi.nlm.nih.gov/pubmed/24696506.

10. Louis Bherer et al., "A Review of the Effects of Physical Activity and Exercise on Cognitive and Brain Functions in Older Adults," *Journal of Aging Research* (2013): 657508, ncbi.nlm.nih.gov/pmc/articles/ PMC3786463.

11. Eric D. Vidoni et al., "Dose-Response of Aerobic Exercise on Cognition: A Community-Based, Pilot Randomized Controlled Trial," *PLoS One* (July 9, 2015), journals.plos.org/plosone/article?id=10.1371/journal. pone.0131647.

12. H. Y. Moon, et al., "Running-Induced Systemic Cathepsin B Secretion Is Associated with Memory Function," *Cell Metabolism* 4, no. 2 (August 9, 2016): 332–40, sciencedirect.com/science/article/pii/ S1550413116302479.

13. David A. Raichlen, et al., "Differences in Resting State Functional Connectivity between Young Adult Endurance Athletes and Healthy Controls," *Frontiers in Human Neuroscience* (November 29, 2016), frontiersin.org/articles/10.3389/fnhum.2016.00610/full.

第 2 章　跑离悲伤与倦怠，走出抑郁

1. J. A. Blumenthal et al., "Exercise and Pharmacotherapy in the

Treatment of Major Depressive Disorder," *Psychosomatic Medicine* 69, no. 7 (September–October 2007): 587–96, ncbi.nlm.nih.gov/pubmed/17846259.

2. B. M. Hoffman, et al., "Exercise and Pharmacotherapy in Patients with Major Depression: One-Year Follow-Up of the SMILE Study," *Psychosomatic Medicine* 73, no. 2 (February–March 2011): 127–33, ncbi.nlm.nih.gov/pubmed/21148807.

3. Yael Netz, "Is the Comparison Between Exercise and Pharmacologic Treatment of Depression in the Clinical Practice Guideline of the American College of Physicians Evidence-Based?" *Frontiers in Pharmacology* (May 15, 2017), frontiersin.org/articles/10.3389/fphar.2017.00257/full.

4. Gary M. Cooney et al., "Exercise for Depression," Cochrane Library, September 12, 2013, onlinelibrary.wiley.com/doi/10.1002/14651858.CD004366.pub6/full.

5. A. Pilu et al., "Efficacy of Physical Activity in the Adjunctive Treatment of Major Depressive Disorders: Preliminary Results," *Clinical Practice & Epidemiology in Mental Health* 3 (2007): 8, ncbi.nlm.nih.gov/pmc/articles/PMC1976311.

6. Samuel B. Harvey et al., "Exercise and the Prevention of Depression: Results of the HUNT Cohort Study," *American Journal of Psychiatry* (October 3, 2017), ajp.psychiatryonline.org/doi/abs/10.1176/appi.ajp.2017.16111223.

7. L. Zhai et al., "Sedentary Behavior and the Risk of Depression: A Meta-analysis," *British Journal of Sports Medicine* 49, no. 11, bjsm.bmj.com/content/49/11/705.

8. T. W. Lin et al., "Exercise Benefits Brain Function: The Monoamine Connection," *Brain Sciences* 3, no. 1 (March 2013): 39–53, ncbi.nlm.nih.gov/pubmed/24961306; J. Gourgouvelis et al., "Exercise Promotes Neuroplasticity in Both Healthy and Depressed Brains: An fMRI Pilot Study," *Neural Plasticity* 2017, hindawi.com/journals/np/2017/8305287.

9. Devin K. Binder et al., "Brain-Derived Neurotrophic Factor," *Growth Factors* 22, no. 2 (September 2004): 123–31, ncbi.nlm.nih.gov/pmc/articles/PMC2504526.

10. T. Huang et al., "The Effects of Physical Activity and Exercise on Brain-Derived Neurotrophic Factor in Healthy Humans: A Review,"

的力量

Scandinavian Journal of Medicine and Science in Sports 24, no. 1 (February 2014): 1–10, ncbi.nlm.nih.gov/pubmed/23600729.

11. K. L. Szuhany et al., "A Meta-analytic Review of the Effects of Exercise on Brain-Derived Neurotrophic Factor," *Journal of Psychiatric Research* 60 (January 2015): 56–64, ncbi.nlm.nih.gov/pubmed/25455510. ncbi.nlm.nih.gov/pubmed/23600729.

12. P. Salmon, "Effects of Physical Exercise on Anxiety, Depression, and Sensitivity to Stress: A Unifying Theory," *Clinical Psychology Review* 21, no. 1 (February 2001): 33–61, ncbi.nlm.nih.gov/pubmed/11148895.

第 3 章 跑步是打败焦虑的"魔法"

1. R. C. Kessler et al., "Lifetime Prevalence and Age-of-Onset Distributions of DSM-IV Disorders in the National Comorbidity Survey Replication," *Archives of General Psychiatry* 62, no. 6 (June 2005): 593–602, ncbi.nlm.nih.gov/pubmed/15939837.

2. R. D. Goodwin, "Association Between Physical Activity and Mental Disorders Among Adults in the United States," *Preventive Medicine* 36, no. 6 (June 2003): 698–703, ncbi.nlm.nih.gov/pubmed/12744913; M. H. De Moor, et al., "Regular Exercise, Anxiety, Depression and Personality: A Population-Based Study," *Preventive Medicine* 42, no. 4 (April 2006): 273–79, ncbi.nlm.nih.gov/pubmed/16439008.

3. S. J. Petruzzelo et al., "A Meta-analysis on the Anxiety-Reducing Effects of Acute and Chronic Exercise. Outcomes and Mechanisms," *Sports Medicine* 11, no. 3 (March 1991): 143–82, ncbi.nlm.nih.gov/pubmed/1828608.

4. Matthew P. Herring et al., "The Effect of Exercise Training on Anxiety Symptoms Among Patients. A Systematic Review," *Archives of Internal Medicine* 170, no. 4 (2010): 321–31, jamanetwork.com/journals/jamainternalmedicine/fullarticle/774421.

5. Brendon Stubbs et al., "An Examination of the Anxiolytic Effects of Exercise for People with Anxiety and Stress-Related Disorders: A Meta-analysis," *Psychiatry Research* 249 (March 2017): 102–8, psy-journal.com/article/S0165-1781(16)30909-X/abstract.

6. Gregory L. Stonerock et al., "Exercise as Treatment for Anxiety: Systematic Review and Analysis," *Annals of Behavioral Medicine* 49, no. 4 (August 2015): 542–56, ncbi.nlm.nih.gov/pmc/articles/PMC4498975.

248

7. T. J. Schoenfeld et al., "Physical Exercise Prevents Stress-Induced Activation of Granule Neurons and Enhances Local Inhibitory Mechanisms in the Dentate Gyrus," *Journal of Neuroscience* 33, no. 18 (May 1, 2013): 7770–77, ncbi.nlm.nih.gov/pubmed/23637169.

8. J. A. Smits et al., "Reducing Anxiety Sensitivity with Exercise," *Depression and Anxiety* 25, no. 8 (2008): 689–99, ncbi.nlm.nih.gov/pubmed/18729145.

9. Q. Tian et al., "Attentional Bias to Emotional Stimuli Is Altered During Moderate- but Not High-Intensity Exercise," *Emotion* 11, no. 6 (December 2011): 1415–24, ncbi.nlm.nih.gov/pubmed/21707164.

10. J. C. Smith, "Effects of Emotional Exposure on State Anxiety After Acute Exercise," *Medicine & Science in Sports & Exercise* 45, no. 2 (February 2013): 372–78, ncbi.nlm.nih.gov/pubmed/22895382.

第 4 章　摆脱坏心情，跑出好心境

1. M. Guszowska, "Effects of Exercise on Anxiety, Depression and Mood," *Psychiatria Polska* 38, no. 4 (July–August 2004): 611–20, ncbi.nlm.nih.gov/pubmed/15518309.

2. A. A. Weinstein et al., "The Role of Depression in Short-Term Mood and Fatigue Responses to Acute Exercise," *International Journal of Behavioral Medicine* 17 (2010): 51–57, ncbi.nlm.nih.gov/pubmed/19333764.

3. H. Boecker, "The Runner's High: Opioiodergic Mechanisms in the Human Brain," *Cerebral Cortex* 18, no. 11 (November 2008): 2523–31, ncbi.nlm.nih.gov/pubmed/18296435.

4. David A. Raichlen et al., "Wired to Run: Exercise-Induced Endocannabinoid Signaling in Humans and Cursorial Mammals with Implications for the 'Runner's High,'" *Journal of Experimental Biology* 215 (2012): 1331–36, jeb.biologists.org/content/215/8/1331.

5. David A. Raichlen, "Exercise-Induced Endocannabinoid Signaling Is Modulated by Intensity," *European Journal of Applied Physiology* 113 (2013): 869–75, raichlen.arizona.edu/DavePDF/RaichlenEtAl2013.pdf.

6. T. Saanijoki et al., "Opioid Release After High-Intensity Interval Training in Healthy Human Subjects," *Neuropsychopharmacology* (July 19, 2017), ncbi.nlm.nih.gov/pubmed/28722022.

7. A. G. Brellenthin et al., "Endocannibinoid and Mood Responses to Exercise in Adults with Varying Activity Levels," *Medicine and Science in*

Sports and Exercise 49, no. 8 (August 2017): 1688–96, ncbi.nlm.nih.gov/pubmed/28319590.

8. R. Mitchell, "Is Physical Activity in Natural Environments Better for Mental Health Than Physical Activity in Other Environments?" *Social Science and Medicine* 91 (August 2013): 130–34, ncbi.nlm.nih.gov/pubmed/22705180.

9. Peter Aspinall et al., "The Urban Brain: Analyzing Outdoor Physical Activity with Mobile EEG," *British Journal of Sports Medicine* 49, no. 4, bjsm.bmj.com/content/49/4/272.

10. Jo Barton et al., "What Is the Best Dose of Nature and Green Exercise for Improving Mental Health? A Multi-study Analysis," *Environmental Science & Technology* 4, no. 10 (2010): 3947–55, pubs.acs.org/doi/abs/10.1021/es903183r.

11. I. Bos et al., "No Exercise-Induced Increase in Serum BDNF After Cycling Near a Major Traffic Road," *Neuroscience Letters* 500, no. 2 (2011): 129–32, ncbi.nlm.nih.gov/pubmed/21708224.

12. World Health Organization, "'Depression: Let's Talk' Says WHO, as Depression Tops List of Causes of Ill Health," press release, March 30, 2017, who.int/mediacentre/news/releases/2017/world-health-day/en.

13. J. B. Dyer et al., "Effects of Running and Other Activities on Moods," *Perceptual and Motor Skills* 67, no. 1 (August 1988): 43–50, ncbi.nlm.nih.gov/pubmed/3211691.

14. F. B. Schuch et al., "Are Lower Levels of Cardiorespiratory Fitness Associated with Incident Depression? A Systematic Review of Prospective Cohort Studies," *Preventive Medicine* (2016), ncbi.nlm.nih.gov/m/pubmed/27765659.

15. M. Reichert et al., "Exercise Versus Nonexercise Activity: E-diaries Unravel Distinct Effects on Mood," *Medicine & Science in Sports & Exercise* 49, no. 4 (April 2017): 763–73, ncbi.nlm.nih.gov/pubmed/27824691.

第 5 章 跑步与抗抑郁药物

1. Laura A. Pratt et al., "Antidepressant Use Among Persons Aged 12 and Over: United States, 2011–2014," NCHS Data Brief No. 283, August 2017, cdc.gov/nchs/products/databriefs/db283.htm.

2. Arif Khan et al., "Antidepressants Versus Placebo in Major Depression:

An Overview," *World Psychiatry* 14, no. 3 (October 2015): 294–300, ncbi. nlm.nih.gov/pmc/articles/PMC4592645.

3. F. Teixeira-Coelho et al., "The Paroxetine Effect on Exercise Performance Depends on the Aerobic Capacity of Exercising Individuals," *Journal of Sports Science & Medicine* 13, no. 2 (May 2014): 232–43, ncbi.nlm.nih. gov/pmc/articles/PMC3990874.

4. P. Watson et al., "Acute Dopamine/Noradrenaline Reuptake Inhibition Enhances Human Exercise Performance in Warm, but Not Temperate Conditions," *Journal of Physiology* 565, part 3 (June 15, 2005): 873–83, ncbi.nlm.nih.gov/pmc/articles/PMC1464564.

5. B. Roelands et al., "Performance and Thermoregulatory Effects of Chronic Bupropion Administration in the Heat," *European Journal of Applied Physiology* 105, no. 3 (February 2009): 493–98, ncbi.nlm.nih.gov/ pubmed/19002702.

6. A. T. Strachan et al., "Paroxetine Administration to Influence Human Exercise Capacity, Perceived Effort or Hormone Responses During Prolonged Exercise in a Warm Environment," *Experimental Physiology* (October 29, 2014), onlinelibrary.wiley.com/doi/10.1113/ expphysiol.2004.027839/full.

7. Ethan Ruderman, "Effects of Acute Aerobic Exercise on the Pharmacokinetics of the Anti-anxiety/Anti-depressant Drug Sertraline," TSpace Repository, December 10, 2013, tspace.library.utoronto.ca/ handle/1807/43322.

8. C. L. Reardon et al., "Psychiatric Medication Preferences of Sports Psychiatrists," *The Physician and Sportsmedicine* 44, no. 4 (November 2016): 397–402, ncbi.nlm.nih.gov/pubmed/27463033.

第 6 章　跑步与谈话疗法

1. Alan J. Gelenberg et al., "Practice Guideline for the Treatment of Patients with Major Depressive Disorder," 3rd ed., American Psychiatric Association, 2010, psychiatryonline.org/pb/assets/raw/sitewide/practice_ guidelines/guidelines/mdd.pdf.

2. Evan Mayo-Wilson et al., "Psychological and Pharmacological Interventions for Social Anxiety Disorder in Adults: A Systematic Review and Network Meta-analysis," *The Lancet Psychiatry* 1, no. 5 (October 2014): 368–76, sciencedirect.com/science/article/pii/ S2215036614703293.

3. Steven D. Hollon et al., "Does Publication Bias Inflate the Apparent Efficacy of Psychological Treatment for Major Depressive Disorder? A Systematic Review and Meta-analysis of US National Institutes of Health-Funded Trials," *PLoS One* (September 30, 2015), journals.plos.org/plosone/article?id=10.1371/journal.pone.0137864.

第 7 章　跑步与认知行为疗法

1. Ellen Driessen et al., "Cognitive Behavioral Therapy for Mood Disorders: Efficacy, Moderators and Mediators," *Psychiatric Clinics of North America* 33, no. 3 (September 2010): 537–55, ncbi.nlm.nih.gov/pmc/articles/PMC2933381.

2. Stefan G. Hofmann et al., "Cognitive-Behavioral Therapy for Adult Anxiety Disorders: A Meta-analysis of Randomized Placebo-Controlled Trials," *Journal of Clinical Psychiatry* 69, no. 4 (2008): 621–32, psychiatrist.com/JCP/article/Pages/2008/v69n04/v69n0415.aspx.

3. Robert J. DeRubeis et al., "Cognitive Therapy Versus Medication for Depression: Treatment Outcomes and Neural Mechanisms," *Nature Reviews Neuroscience* 9, no. 10 (October 2008): 788–96, ncbi.nlm.nih.gov/pmc/articles/PMC2748674.

4. P. R. Porto et al., "Does Cognitive Behavioral Therapy Change the Brain? A Systematic Review of Neuroimaging in Anxiety Disorders," *Journal of Neuropsychiatry and Clinical Neurosciences* 21, no. 2 (Spring 2009): 114–25, ncbi.nlm.nih.gov/pubmed/19622682.

5. K. N. T. Månsson et al., "Neuroplasticity in Response to Cognitive Behavior Therapy for Social Anxiety Disorder," *Translational Psychiatry*, no. 6 (2016), nature.com/tp/journal/v6/n2/full/tp2015218a.html.

6. W. Freund et al., "Ultra-Marathon Runners Are Different: Investigations into Pain Tolerance and Personality Traits of Participants of the TransEurope FootRace 2009," *Pain Practice* 13, no. 7 (September 2013): 524–32, ncbi.nlm.nih.gov/pubmed/23368760.

7. N. Geva et al., "Enhanced Pain Modulation Among Triathletes: A Possible Explanation for Their Exceptional Capabilities," *Pain* 152, no. 11 (November 2013): 2317–23, ncbi.nlm.nih.gov/pubmed/23806655.

8. Matthew D. Jones et al., "Aerobic Training Increases Pain Tolerance in Healthy Individuals," *Medicine & Science in Sports & Exercise* 46, no. 8 (August 2014): 1640–47, journals.lww.com/acsm-msse/

Citation/2014/08000/Aerobic_Training_Increases_Pain_Tolerance_
in.21.aspx.

9. T. J. O'Leary et al., "High but Not Moderate-Intensity Endurance
    Training Increases Pain Tolerance: A Randomized Trial," *European
    Journal of Applied Physiology* 117, no. 11 (November 2017): 2201–10, ncbi.
    nlm.nih.gov/pubmed/28879617.

10. N. Geva et al., "Triathletes Lose Their Advantageous Pain Modulation
    Under Acute Psychosocial Stress," *Medicine & Science in Sports & Exercise*
    49, no. 2 (February 2017): 333–41, ncbi.nlm.nih.gov/pubmed/27669445.

第 8 章　跑步、正念与心流

1. N. Geschwind et al., "Mindfulness Training Increases Momentary
    Positive Emotions and Reward Experience in Adults Vulnerable to
    Depression: A Randomized Controlled Trial," *Journal of Consulting and
    Clinical Psychology* 79, no. 5 (October 2011): 618–28, ncbi.nlm.nih.gov/
    pubmed/21767001.

2. S. G. Hofmann et al., "The Effect of Mindfulness-Based Therapy on
    Anxiety and Depression: A Meta-analytic Review," *Journal of Consulting
    and Clinical Psychology* 78, no. 2 (April 2010): 169–83, ncbi.nlm.nih.gov/
    pubmed/20350028.

3. Abdollah Omidi et al., "Comparing Mindfulness Based Cognitive
    Behavioral Therapy and Traditional Cognitive Behavior Therapy with
    Treatments as Usual on Reduction of Major Depressive Disorder
    Symptoms," *Iranian Red Crescent Medical Journal* 15, no. 2 (February
    2013): 142–46, ncbi.nlm.nih.gov/pmc/articles/PMC3652501.

4. Willem Kuyken et al., "Effectiveness and Cost-Effectiveness of
    Mindfulness-Based Cognitive Therapy Compared with Maintenance
    Antidepressant Treatment in the Prevention of Depressive Relapse
    or Recurrence: A Randomized Controlled Trial," *Lancet* 386, no.
    9988 (2015): 63–73, thelancet.com/journals/lancet/article/PIIS0140-
    6736(14)62222-4/abstract.

5. B. L. Alderman et al., "MAP Training: Combining Meditation and
    Aerobic Exercise Reduces Depression and Rumination While Enhancing
    Synchronized Brain Activity," *Translational Psychiatry* (February 2, 2016),
    nature.com/tp/journal/v6/n2/full/tp2015225a.html.

6. Kenneth E. Callen, "Auto-Hypnosis in Long Distance Runners,"

American *Journal of Clinical Hypnosis* 26, no. 1 (1983): 30–36, tandfonline.com/doi/abs/10.1080/00029157.1983. 10404135?journalCode=ujhy20.

7.   Lillian A. De Petrillo et al., "Mindfulness for Long-Distance Runners: An Open Trial Using Mindful Sport Performance Enhancement (MSPE)," *Journal of Clinical Sport Psychology* 3, no. 4 (2009): 357–76, journals. humankinetics.com/doi/abs/10.1123/jcsp.3.4.357; Darko Jekauc et al., "Effectiveness of a Mindfulness-Based Intervention for Athletes," *Psychology* 8, no. 1 (2017), file.scirp.org/Html/1-6902020_73192.htm.

8.   Rachel W. Thompson et al., "One Year Follow-up of Mindful Sport Performance Enhancement (MSPE) with Archers, Golfers, and Runners," *Journal of Clinical Sport Psychology* 5, no. 2 (2011): 99–116, journals. humankinetics.com/doi/10.1123/jcsp.5.2.99.

9.   Noel E. Brick et al., "Altering Pace Control and Pace Regulation: Attentional Focus Effects During Running," *Medicine & Science in Sports & Exercise* 48, no. 5 (May 2016): 879–86, ncbi.nlm.nih.gov/ pubmed/26673128.

10. Mihaly Csikszentmihalyi et al., *Running Flow: Mental Immersion Techniques for Better Running* (Champaign, IL: Human Kinetics, 2017), 6.

11. Cian Aherne et al., "The Effect of Mindfulness Training on Athletes' Flow: An Initial Investigation," *Sport Psychologist* 25, no. 2 (2011): 1770189, journals.humankinetics.com/doi/abs/10.1123/tsp.25.2.177.

第 9 章　跑步与人际交往

1.   J. T. Caccioppo et al., "Loneliness as a Specific Risk Factor for Depressive Symptoms: Cross-Sectional and Longitudinal Analyses," *Psychology and Aging* 21, no. 1 (March 2006): 140–51, www.ncbi.nlm.nih.gov/ pubmed/16594799.

2.   F. Holvast et al., "Loneliness Is Associated with Poor Prognosis in Late-Life Depression: Longitudinal Analysis of the Netherlands Study of Depression in Older Persons," *Journal of Affective Disorders* 185 (October 1, 2015): 1–7, ncbi.nlm.nih.gov/pubmed/26142687.

3.   Gillian A. Matthews et al., "Dorsal Raphe Dopamine Neurons Represent the Experience of Social Isolation," *Cell* 164, no. 4 (2016): 617–31, cell. com/cell/fulltext/S0092-8674(15)01704-3.

4.   K. A. Michelsen et al., "The Dorsal Raphe Nucleus and Serotonin: Implications for Neuroplasticity Linked to Major Depression and

Alzheimer's Disease," *Progress in Brain Research* 172 (2008): 233–64, ncbi.nlm.nih.gov/pubmed/18772036.

5. L. Y. Lin et al., "Association Between Social Media Use and Depression Among US Adults," *Depression and Anxiety* 33, no. 4 (April 2016): 323–31, ncbi.nlm.nih.gov/pubmed/26783723.

6. Brian A. Primack et al., "Social Media Use and Perceived Social Isolation Among Young Adults in the US," *American Journal of Preventive Medicine* 53, no. 1 (July 2017): 1–8, ajpmonline.org/article/S0749-3797(17)30016-8/abstract, http://www.ajpmonline.org/article/S0749-3797(17)30016-8/fulltext.

7. Christian J. Cook et al., "The Social Environment During a Post-match Video Presentation Affects the Hormonal Responses and Playing Performance in Professional Male Athletes," *Physiology & Behavior* 130 (May 2014): 170–75, sciencedirect.com/science/article/pii/S0031938414001802.

第 11 章　跑步与健康生活方式

1. Felice N. Jacka et al., "A Randomized Controlled Trial of Dietary Improvement for Adults with Major Depression (The 'SMILES' Trial)," *BMC Medicine* 15 (2017): 23, bmcmedicine.biomedcentral.com/articles/10.1186/s12916-017-0791-y.

2. Simon Spedding, "Vitamin D and Depression: A Systematic Review and Meta-analysis Comparing Studies with and without Biological Flaws," *Nutrients* 6, no. 4 (April 2014): 1501–18, ncbi.nlm.nih.gov/pmc/articles/PMC4011048.

3. G. Grosso et al., "Coffee, Tea, Caffeine and Risk of Depression: A Systematic Review and Dose-Response Meta-analysis of Observational Studies," *Molecular Nutrition & Food Research* 60, no. 1 (January 2016): 223–34, ncbi.nlm.nih.gov/pubmed/26518745.

4. L. Wang et al., "Coffee and Caffeine Consumption and Depression: A Meta-analysis of Observational Studies," *Australian and New Zealand Journal of Psychiatry* 50, no. 3 (March 2016): 228–42, ncbi.nlm.nih.gov/pubmed/26339067.

5. Avin Muthuramalingam et al., "Is Depression an Inflammatory Disease? Findings from a Cross-sectional Study at a Tertiary Care Center," *Indian Journal of Psychological Medicine* 38, no. 2 (March–April 2016): 114–19,

ncbi.nlm.nih.gov/pmc/articles/PMC4820549.

6. N. Tsuno et al., "Sleep and Depression," *Journal of Clinical Psychiatry* 66, no. 10 (October 2005): 1254–69, ncbi.nlm.nih.gov/pubmed/16259539.

7. Peter L. Franzen, "Sleep Disturbances and Depression: Risk Relationships for Subsequent Depression and Therapeutic Implications," *Dialogues in Clinical Neuroscience* 10, no. 4 (December 2008): 473–81, ncbi.nlm.nih. gov/pmc/articles/PMC3108260.

8. H. S. Driver et al., "Exercise and Sleep," *Sleep Medicine Reviews* 4, no. 4 (August 2000): 387–402, ncbi.nlm.nih.gov/pubmed/12531177.

9. K. J. Reid et al., "Aerobic Exercise Improves Self-Reported Sleep and Quality of Life in Older Adults with Insomnia," *Sleep Medicine* 11, no. 9 (October 2010): 934–40, ncbi.nlm.nih.gov/pubmed/20813580.

10. Bridget F. Grant et al., "Prevalence and Co-occurrence of Substance Use Disorders and Independent Mood and Anxiety Disorders: Results from the National Epidemiologic Survey on Alcohol and Related Conditions," *Archives of General Psychiatry* 61, no. 8 (2004): 807–16, jamanetwork. com/journals/jamapsychiatry/fullarticle/482045.

11. A. K. Piazza-Gardner et al., "Examining Physical Activity Levels and Alcohol Consumption: Are People Who Drink More Active?" *American Journal of Health Promotion* 26, no. 3 (January-February 2012): 95–104, ncbi.nlm.nih.gov/pubmed/22208422.

12. D. E. Conroy et al., "Daily Physical Activity and Alcohol Use Across the Adult Lifespan," *Health Psychology* 34, no. 6 (June 2015): 653–60, ncbi. nlm.nih.gov/pubmed/25222084.

13. P. Christiansen et al., "Ego Depletion Increases Ad-Lib Alcohol Consumption: Investigating Cognitive Mediators and Moderators," *Experimental and Clinical Psychopharmacology* 20, no. 2 (April 2012): 118–28, ncbi.nlm.nih.gov/pubmed/22182418.

14. M. H. De Moor et al., "Regular Exercise, Anxiety, Depression and Personality: A Population-Based Study," *Preventive Medicine* 42, no. 4 (April 2006): 273–79, ncbi.nlm.nih.gov/pubmed/16439008.

第 12 章　跑步与你的关系

1. T. L. Greer et al., "Improvements in Psychosocial Functioning and Health-Related Quality of Life Following Exercise Augmentation in Patients with Treatment Response but Nonremitted Major Depressive Disorder: Results from the TREAD Study," *Depression and Anxiety* 33,

no. 9 (September 2016): 870–81. ncbi.nlm.nih.gov/pubmed/27164293.

2. A. A. Weinstein et al., "Mental Health Consequences of Exercise Withdrawal: A Systematic Review," *General Hospital Psychiatry* (June 6, 2017), ncbi.nlm.nih.gov/pubmed/28625704.

3. H. K. Antunes et al., "Exercise Deprivation Increases Negative Mood in Exercise-Addicted Subjects and Modifies Their Biochemical Markers," *Physiology & Behavior* 156 (March 15, 2016): 182-90, ncbi.nlm.nih.gov/pubmed/26812592.

中资海派文化
GRAND CHINA

READING
YOUR LIFE

人与知识的美好链接

20 年来，中资海派陪伴数百万读者在阅读中收获更好的事业、更多的财富、更美满的生活和更和谐的人际关系，拓展读者的视界，见证读者的成长和进步。

现在，我们可以通过电子书（微信读书、掌阅、今日头条、得到、当当云阅读、Kindle 等平台），有声书（喜马拉雅等平台），视频解读和线上线下读书会等更多方式，满足不同场景的读者体验。

关注微信公众号"**中资海派文化**"，随时了解更多更全的图书及活动资讯，获取更多优惠惊喜。你还可以将阅读需求和建议告诉我们，认识更多志同道合的书友。让派酱陪伴读者们一起成长。

六 微信搜一搜　🔍 **中资海派文化**

了解更多图书资讯，请扫描封底下方二维码，加入"中资书院"。

也可以通过以下方式与我们取得联系：

📱 采购热线：18926056206 / 18926056062　　📞 服务热线：0755-25970306

✉ 投稿请至：szmiss@126.com　　🅖 新浪微博：中资海派图书

更 多 精 彩 请 访 问 中 资 海 派 官 网　　(www.hpbook.com.cn ▶)